Kohlhammer

Der Autor

Prof. Dr. phil. habil. Ulf Sauerbrey hat an den Universitäten Bamberg, Erfurt, Jena und Graz gelehrt und geforscht. Seit September 2020 ist er Professor für Kindheitspädagogik am Fachbereich Soziale Arbeit, Bildung und Erziehung der Hochschule Neubrandenburg. Seine Arbeitsschwerpunkte liegen in der Pädagogik der frühen und der mittleren Kindheit, der Allgemeinen Pädagogik, der Erziehungsgeschichte sowie der qualitativen Sozialforschung.

Ulf Sauerbrey

Spielen in der frühen Kindheit

Grundwissen für den pädagogischen Alltag

Verlag W. Kohlhammer

Dieses Werk einschließlich aller seiner Teile ist urheberrechtlich geschützt. Jede Verwendung außerhalb der engen Grenzen des Urheberrechts ist ohne Zustimmung des Verlags unzulässig und strafbar. Das gilt insbesondere für Vervielfältigungen, Übersetzungen, Mikroverfilmungen und für die Einspeicherung und Verarbeitung in elektronischen Systemen.

Die Wiedergabe von Warenbezeichnungen, Handelsnamen und sonstigen Kennzeichen in diesem Buch berechtigt nicht zu der Annahme, dass diese von jedermann frei benutzt werden dürfen. Vielmehr kann es sich auch dann um eingetragene Warenzeichen oder sonstige geschützte Kennzeichen handeln, wenn sie nicht eigens als solche gekennzeichnet sind.

Es konnten nicht alle Rechtsinhaber von Abbildungen ermittelt werden. Sollte dem Verlag gegenüber der Nachweis der Rechtsinhaberschaft geführt werden, wird das branchenübliche Honorar nachträglich gezahlt.

Dieses Werk enthält Hinweise/Links zu externen Websites Dritter, auf deren Inhalt der Verlag keinen Einfluss hat und die der Haftung der jeweiligen Seitenanbieter oder -betreiber unterliegen. Zum Zeitpunkt der Verlinkung wurden die externen Websites auf mögliche Rechtsverstöße überprüft und dabei keine Rechtsverletzung festgestellt. Ohne konkrete Hinweise auf eine solche Rechtsverletzung ist eine permanente inhaltliche Kontrolle der verlinkten Seiten nicht zumutbar. Sollten jedoch Rechtsverletzungen bekannt werden, werden die betroffenen externen Links soweit möglich unverzüglich entfernt.

1. Auflage 2021

Alle Rechte vorbehalten
© W. Kohlhammer GmbH, Stuttgart
Gesamtherstellung: W. Kohlhammer GmbH, Heßbrühlstr. 69, 70565 Stuttgart
produktsicherheit@kohlhammer.de

Print:
ISBN 978-3-17-034773-1

E-Book-Formate:
pdf: ISBN 978-3-17-034774-8
epub: ISBN 978-3-17-034775-5
mobi: ISBN 978-3-17-034776-2

Für Edith und Elise

Inhalt

Ein Vorwort – um der Sache willen   11

1   **Spielen in der frühen Kindheit – ein anderer Blick auf Lernen**   15

2   **Spielen und Spiele, Play und Game – eine Eingrenzung**   22

2.1   Spielen bzw. Play – die Tätigkeit des spielenden Subjekts   24
2.2   Spiele bzw. Games – Versuche einer kulturellen Institutionalisierung des Spiels   26
2.3   Was bleibt außer der Vielfalt an Begriffen und einer gewissen Unschärfe?   28

3   **Spielen als Folge des Spiel- und Beschäftigungstriebs – eine Erinnerung an Friedrich Fröbel**   31

3.1   Pädagogische Impulse in Fröbels Biografie   32
3.2   Die Entdeckung des Spieltriebs   34
3.3   Spielpflege und Spielmittel als pädagogisch-didaktische Reaktion auf den Spieltrieb   35

Inhalt

4	**Formen der Spielentwicklung im frühen Kindesalter**	**40**
4.1	Sensumotorische Spiele – Bewegungen sinnlich einüben	42
4.2	Informationsspiel und Explorationsverhalten – Dinge in der Umwelt erkunden	43
4.3	Als-ob-Spiel – fiktives Nachahmen	43
4.4	Konstruktionsspiele – schaffendes Tätigsein	45
4.5	Rollenspiele – Interaktionsweisen erproben und Normen aneignen	45
4.6	Regelspiele – Tätigsein in vorgefundenen Handlungsrahmen	46
5	**Wie werden Dinge zu Spielzeug?**	**49**
5.1	Phänomenologie	50
5.2	Langevelds Pantoffel	51
5.3	Arrangieren als pädagogische Handlungsform der Auswahl von Spielmitteln	54
6	**Spielorte in der Wohnung**	**56**
6.1	Was wir alles nicht wissen	58
6.2	Ein Beispiel	59
7	**Spielorte im Freien**	**63**
7.1	Ausgewiesene Spielorte und Spielplätze	64
7.2	Von Kindern gewählte Spielorte	66
8	**Spielen in Krippe und Kindergarten**	**69**
8.1	Spielen in den Bildungsplänen der Länder	70

8.2	Zur Bedeutung der Gruppe	73

9	**Spielen mit digitalen Medien in der frühen Kindheit**	**78**
9.1	Zur Nutzung und Stellung digitaler Medien im Kontext frühkindlicher Freizeitaktivitäten	81
9.2	Sind digitale Spiele nützlich oder gefährlich?	83

10	**Zum Abschluss: Das spielpädagogische Grundproblem im Spiegel empirischer Studien**	**86**

Ein Nachwort – um der Aufgabe willen	**100**

Johanna Hopfner

Literaturnachweise	**105**

Ein Vorwort – um der Sache willen

Nach Artikel 31 der UN-Kinderrechtskonvention gehört das Spiel neben Ruhe, Freizeit, aktiver Erholung und freier Teilnahme am kulturellen und künstlerischen Leben zu den Rechten von Kindern weltweit. Allein vor diesem Hintergrund erscheint es bereits geboten, das Spielen von Kindern regelmäßig in Erinnerung zu rufen. Ein Buch zum Thema *Spielen in der frühen Kindheit* zu schreiben, das im Untertitel auch noch ›Grundwissen für den pädagogischen Alltag‹ verspricht, ist dennoch ein Stück weit vermessen. Ich vermute, dass vielen, die sich näher mit dem Phänomen des Spielens beschäftigt haben, irgendwann einmal eine ähnliche Einsicht, wenigstens aber der Zweifel darüber gekommen ist, ob das Phänomen *Spielen* in all seinen Facetten überhaupt angemessen sprachlich und sachlich erfasst werden kann. Beschäftigt man sich mit der einschlägigen Literatur zum Thema, fällt auf, dass bereits die Definitionsversuche keineswegs Klarheit signalisieren. Kaum jemand schafft es, die vielfältigen Bestimmungsmerkmale des Phänomens in einen plausiblen Zusammenhang zu bringen. Die meisten Autorinnen und Autoren zählen vielmehr die Ideen und Unklarheiten zwischen den wissenschaftlichen Disziplinen auf, die sich am Spiel, seinen Merkmalen und Erscheinungsformen abgearbeitet haben.

Das vorliegende Buch ist daher insofern problematisch, als es *die* Sache des Spielens wahrscheinlich kaum geben kann – und daran ändert kaum der Umstand etwas, dass hier die Lebensphase der frühen Kindheit, also das Alter von der Geburt bis zur Einschulung in den Blick genommen wird. Der Fokus auf die frühe Kindheit wurde gewählt, da diese weithin als sensible Lebensphase gilt, aber auch da die Lebensspanne von der Geburt bis zum Alter von sechs Jahren in modernen Industrienationen in den vergangenen 20 Jahren erneut und in einem zuvor nie dagewesenen Maße öffentlich und zugleich in wissenschaftlichen Disziplinen Gegenstand der Auseinandersetzung geworden ist. Diese auf das Tun kleiner Kinder gerichtete Aufmerksamkeit hat auch die Diskussion um die Bedeutung und den Sinn des Spielens neu entfacht.

Dass der Untertitel das vorliegende Werk als ein Buch über Grundwissen ausweist, hängt mit der Anfrage zusammen, die der Kohlhammer-Verlag im Jahr 2017 an mich gestellt hat – und auch mit meiner Reaktion darauf. Die Anfrage bezog sich auf ein Buch in der neuen Reihe *Praxiswissen Erziehung*. Nachdem ich mich bereits seit einigen Jahren als Teil eines wissenschaftlichen Netzwerks der Deutschen Forschungsgemeinschaft kritisch mit populären Ratgebermedien beschäftigt hatte und ohnehin schon seit Jahren eine deutliche Tendenz bei den wissenschaftlichen Verlagen hin zur Veröffentlichung von Ratgeberbüchern zu beobachten war, war ich mir zunächst unsicher, ob gerade ich ein Buch für diese Reihe schreiben sollte. Wenngleich ich regelmäßig nicht nur in der Lehre, sondern auch auf Fort- und Weiterbildungen vor pädagogischen Fachkräften zu kindheits- und sozialpädagogischen Themen referiere, so waren die bislang von mir verfassten Publikationen doch vorrangig an die Erziehungswissenschaft und nur selten unmittelbar an pädagogische Fachkräfte in pädagogischen Handlungsfeldern wie der Krippe, der Kita, der Schule oder auch an die Familie adressiert. Ich entschied mich dennoch, dieses Buch zu schreiben, nicht zuletzt, da ich die Wissenschaftskommunikation, d. h. den Transfer wissenschaftlichen Wissens in Zeiten des ›Postfaktischen‹, mehr denn je für unabdingbar halte. Dass das vorliegende Buch nun als ein Werk über Grundwissen aufwartet, gründet in dem Versuch, es explizit so auszuweisen, dass es *nicht als Ratgeber* gelesen werden soll! In diesem Fall halte ich mich an Janusz Korczak,[1] der eingangs

---

1 Zugunsten der Lesbarkeit habe ich in diesem Buch nur wenige Fußnoten gesetzt. An dieser Stelle ist eine biografische Anmerkung jedoch geboten: Janusz Korczak, Geburtsname Henryk Goldszmit (1878/79–1942), entstammte einer jüdischen Familie, lebte in Polen und wurde zu Lebzeiten bekannt als Arzt und Pädagoge. Er leitete ein jüdisches Waisenhaus im

Ein Vorwort – um der Sache willen

seines Hauptwerks mit dem ins Deutsche übersetzten Titel »Wie liebt man ein Kind« festgehalten hat: »Ich weiß nicht und kann nicht wissen, wie mir unbekannte Eltern unter unbekannten Bedingungen ein mir unbekanntes Kind erziehen können« (Korczak 1999, S. 10). Dieser Satz, der gleichermaßen für an pädagogische Fachkräfte adressierte Bücher gelten kann, ist m. E. ein Paradebeispiel pädagogischer Haltung, da er eine lineare und technische Machbarkeit durch Erziehung zurückweist und zugleich auf die Eigenlogik pädagogischen Geschehens verweist: Einen auf konkrete Situationen bezogenen Rat kann im Grunde nur ein Mensch geben, der alle beteiligten Subjekte und ihre Lebensumstände in ausreichendem Maße kennt und einzuordnen weiß. Korczaks Aussage trifft dabei nicht nur auf Erziehung, sondern auch auf das Spielen zu, das in seinen vielfältigen Formen schlichtweg zu viele unbekannte Faktoren aufweist, als dass darüber ein Ratgeber, sprich: ein ›technologisches‹ Buch (Höffer-Mehlmer 2003, S. 7), geschrieben werden könnte. Dementsprechend wird auch im vorliegenden Buch keine Aussage darüber zu finden sein, wie ein Kind spielen soll, um ›richtig‹ oder ›gut‹ zu lernen. Da ich die Leserinnen und Leser sowie deren mutmaßliche in der Familie oder in frühpädagogischen Einrichtungen betreute Kinder und deren Lebensumstände nicht kenne, wäre es unredlich, anderes zu propagieren. Mein Anliegen ist es, grundlegendes Wissen über das Phänomen für die verschiedenen pädagogischen Handlungsfelder, in denen kleine Kinder aufwachsen, zur Verfügung zu stellen, so dass die in diesen Feldern agierenden Erwachsenen auf Basis wissenschaftlichen Wissens ihr Tun reflektieren und ihre Handlungskunst für sich und ggf. gegenüber anderen begründen können. Das Buch bietet den Leserinnen und Lesern darüber hinaus an vielen Stellen Anregungen zum

---

Warschauer Ghetto. 1942 wurde er mit 200 Kindern aus dem Waisenhaus nach Treblinka deportiert, wo die Kinder und ihr Erzieher ermordet wurden. Er ist einer der wichtigsten und zugleich einer der bislang zu wenig beachteten Pädagogen des 20. Jahrhunderts.

Weiterlesen. Zu danken habe ich dem Kohlhammer-Verlag für sein Interesse an diesem Buch sowie besonders Claudia Schick, Johanna Hopfner und Michael Winkler für ihre wertvollen Kommentare zum Manuskript.

Widmen möchte ich das Buch meinen Kindern Edith und Elise. Sie sorgen mit ihrem wunderbaren Spiel- und Beschäftigungstrieb dafür, dass ich das Spielen nicht nur als wissenschaftliches Forschungsobjekt analysieren, sondern vielmehr alltäglich als ein spannendes Ereignis miterleben darf, in dem Neues und Unerwartetes geschieht und in dem sich das Innere der Kinder zeigt – darunter vieles, das wir Erwachsene ihnen vorleben.

Neubrandenburg, im Februar 2021
Ulf Sauerbrey

1

Spielen in der frühen Kindheit – ein anderer Blick auf Lernen

In seinem vielfach aufgelegten Standardwerk »Spielen – Lernen. Praxis und Deutung des Kinderspiels« hat der Erziehungswissenschaftler Andreas Flitner (1922–2016) sich umfassend mit dem Phänomen des Spielens beschäftigt. Der Anlass für sein 1972 erstmals erschienenes Werk war der Umstand, dass am Beginn der 1970er Jahre viele Akteurinnen und Akteure unter Bezugnahme auf Erkenntnisse aus der Lernpsychologie sich bemühten, »Spiel und Spielzeug in ›Training‹ und ›Lernzeug‹ zu verwandeln« (Flitner 1996, S. 9). Gegenüber dieser pädagogisch-didaktischen Technisierung des Spielens wies Flitner auf Basis von Untersuchungen auch aus der internationalen Forschung nach, dass die Frage nach dem kindlichen Lernen durch Spiel »nur einer der möglichen Zugänge« sei; andere Zugänge erforschten etwa, was Kinder im Spiel erleben, »was sie an Glück und Ängsten erfahren, was sie ›verarbeiten‹ an Eindrücken und Problemen und wie ihnen die Welt sich öffnet im Spiel« (ebd., S. 190).

Hier soll an Flitners Differenzierung des Kinderspiels als Forschungsgegenstand erinnert und zugleich angeknüpft werden, denn *erstens* liegen uns inzwischen neuere Erkenntnisse zum Spielen in verschiedenen frühkindlichen Lebenswelten vor, *zweitens* haben sich diese Lebenswelten seit den 1970er Jahren noch einmal grundlegend verändert und *drittens* hat sich jedoch die von Flitner diagnostizierte Situation gegenüber dem Spiel nach einem halben Jahrhundert keineswegs grundlegend gewandelt:

> »Teile der Wirtschaft, aber auch aus Lern- und Hirnforschung werfen der herkömmlichen Kombination von Kindergarten und Schule vor, Lernpotenziale der jungen Kinder zu wenig zu nutzen und Kinder massiv zu unterfordern. Deren Tenor lautet: *Wir vergeuden zu viel Zeit mit (sinnlosem) Spielen* und ›bewirtschaften‹ das kindliche Lernpotenzial zu wenig« (Hauser 2013, S. 11, Hervorhebung U. S.).

Deutlich festzustellen ist ein Streben, das kindliche Spielen aus der Perspektive Erwachsener *sinnvoll* (was auch immer dies bedeuten mag) und vor allem *absichtsvoll* zu gestalten – und dies betrifft heute nicht nur die Lern- und Hirnforschung bzw. ihre Rezeption in der Pädagogik. Mit Blick auf die Bildungsforschung insgesamt lässt sich eine Dichotomisierung zwischen Spielen und Lernen feststellen (vgl. vor allem für die USA: Spiewak Toub et al. 2016; für weitere Nationen vgl. auch: Hauser 2013, S. 12 ff.). Besonders durch Akteurinnen und Akteure des so genannten Global Education Reform Movements (GERM) wurde das Spielen im frühen Kindesalter wiederholt grundlegend infrage gestellt. Das GERM – Begriff und Akronym wurden vom finnischen Erziehungswissenschaftler Pavi Sahlberg geprägt – besteht aus verschiedenen weltweit vernetzten Institutionen, die vorrangig aus wirtschaftlichen und finanzpolitischen Gründen ausgewählte Kompetenzdimensionen von Heranwachsenden untersuchen und auf dieser Basis Empfehlungen an die Politik geben. Die wahrscheinlich prominenteste dieser Institutionen ist die Organisation für wirtschaftliche Zusammenarbeit und Entwicklung (OECD), die in regelmäßigen Abständen die seit der Jahrtausendwende bekannt gewordenen PISA-Tests durchführt. Seit einigen Jahren plant die OECD eine International Early Learning and Child Well-being Study (IELS), in der die sprachliche und die mathematische Bildung, sozial-emotionale Fähigkeiten sowie die Regulationsfähigkeit von Kindern getestet werden (vgl. zur Übersicht: Knauf 2017). In jeder teilnehmenden Nation sollen ca. 3000 vier- bis fünfjährige Kinder untersucht werden – die Daten sollen später auch in Bezug zu den PISA-Daten gesetzt werden.

In ihrer Broschüre zur Durchführung der IELS-Studie mit dem Titel ›Early Learning Matters‹ verweist die OECD jedoch erstaunlicherweise mit keiner Silbe auf das Spielen von Kindern (vgl. OECD 2018). In der Broschüre ist lediglich die Rede von kindlichen Aktivitäten, die erfasst und beurteilt werden sollen. Spielen und Lernen erscheinen dabei als voneinander getrennt. Dies konnte zwar als notwendig operationalisierte Sprache einer empirischen Bildungsforschung verstanden werden, die durch PISA wie durch kaum eine andere großangelegte Studie repräsentiert wird. Problematisch ist jedoch, dass eine Delegation der OECD in Verhandlungen mit Nationen, die Interesse an einer Teilnahme an der IELS-Studie haben, Kinderspiele als ›verschwendete Aktivitäten‹ bezeichnet – Mathias Urban hat eine solche Rückmeldung eines Kollegen, der allerdings anonym bleiben wollte, in der Fachliteratur dokumentiert (vgl. Urban 2017, S. 20).

Bislang hat die IELS-Studie vergleichsweise eher wenig Zuspruch aus der wissenschaftlichen Frühpädagogik erhalten (vgl. Urban & Swandener 2016) und künftige Entwicklung bleiben abzuwarten (vgl. auch Wasmuth & Nitecki 2018). Auch könnte man diese Seitenblicke auf die OECD für übertrieben halten. Jedoch ist es inzwischen in den wissenschaftlichen Disziplinen, die das Feld Bildungsforschung formen, unbestritten, dass Institutionen wie die OECD, aber auch die Weltbank oder der Internationale Währungsfonds einen starken Einfluss auf die Bildung in verschiedenen Nationen haben und eine Privatisierung sowie eine enge Form der Ökonomisierung des Bildungswesens fördern (vgl. Lohmann 2014; Münch 2018). Wenngleich es sich hier nur um ein ausgewähltes Beispiel handelt, bei dessen Einschätzung die Urteile in der Fachwelt unterschiedlich ausfallen: Bereits die skizzierte Diskussion um ›frühkindliche Kompetenzen‹ zeigt, dass es das Kinderspiel in jedem Fall verdient, hinsichtlich seines pädagogischen Sinns in der frühen Kindheit weiterhin beleuchtet zu werden. Dies ist vor allem notwendig, da die Auseinandersetzung mit dem Spielen allzu rasch in den Strudel der einen und stark selektiven Frage danach gerät, welche gesellschaftlich bedeutsamen Kompetenzen sich Kinder denn dabei genau aneignen. Diese Frage darf und muss zweifelsohne gestellt werden, insbesondere von Pädagoginnen und Pädagogen, die ihr Tun begründen müssen. Doch erstens ist die Frage nach dem Kompetenzerwerb im Spiel nur im Einzelfall mit Blick auf ein konkretes Spiel beantwortbar (und übrigens wird dabei viel zu selten die Perspektive der spielenden Kinder einbezogen). Und zweitens darf sie nicht die einzige Frage bleiben. Zu beachten ist auch, auf welche Art und Weise das Spielen gesellschaftlich in Anspruch genommen wird. Notwendig zu stellen ist auch die Frage nach der Veränderung der Kinderspiele, allzumal vor dem Hintergrund der rasanten technisch-kulturellen Weiterentwicklung digitaler Medien, die heute einen nicht mehr wegzudenkenden Bestandteil des Aufwachsens von Kindern in den modernen Industrienationen bilden. Zentral ist schlussendlich auch die Frage nach den Orten und Sozialisationsfeldern, an bzw. in denen Kinder spielen. Denn allzu oft richtet sich der Blick auf das Kinderspiel einseitig auf Kindertageseinrichtungen.

Das Spielen an sich ist allerdings nichts Neues und schon gar kein besonderes Phänomen der Moderne. Es lässt sich vielmehr als ein Anthropologumenon bezeichnen – als ein konstitutiver Bestandteil des menschlichen Daseins seit Anbeginn unserer Gattungsexistenz. Anders formuliert: Seit es uns Menschen gibt, spielen wir. In Gesellschaften, die spezifische Formen der Trennung zwischen Arbeit und Freizeit eingerichtet haben und die Kindheit

1 Spielen in der frühen Kindheit – ein anderer Blick auf Lernen

als ein Moratorium verstehen, lässt sich das Spielen vor allem in der frühen und mittleren Kindheit beobachten. Spielen gilt mithin als kindliche Lebens- und Handlungsform schlechthin. Nicht nur der Fokus auf Kindertagesstätten oder auf Familien mit kleinen Kindern legt diese Vermutung nahe; auch wenn man erwachsene Menschen fragt, was sie in ihrer frühen Kindheit getan haben, so erinnern sie sich nicht selten an das Spielen und an bestimmte Spielsituationen. Spielen in der frühen Kindheit ist schlussendlich eine kollektive Erfahrung, denn: »[d]ass Kinder spielen, kann man geradezu als ihr gemeinsames Merkmal ansehen« (Prange & Strobel-Eisele 2015, S. 118).

Dennoch existieren gerade in der wissenschaftlichen und praktischen Frühpädagogik gleich mehrere Konflikte rund um das Thema: Ist das Spielen kleiner Kinder ein von Freiheit geprägtes und zweckfreies Tun oder ist es vielmehr Mittel zum Zweck im Sinne erzieherischer Ambitionen? Was ist überhaupt ›Spiel‹ und wo liegt der Unterschied zwischen angeleitetem und freiem Spielen? Und kann das Kinderspiel junge Menschen überhaupt angemessen auf das Leben in Gesellschaften wie der unsrigen vorbereiten? Diese pädagogisch relevanten Fragen bilden den Ausgangspunkt des vorliegenden Buchs. Um sie zu klären, will ich mich dem Spielen in der frühen Kindheit aus verschiedenen Blickwinkeln nähern und die relevanten Themen in einzelnen Kapiteln schlaglichtartig beleuchten. Damit soll insbesondere Eltern und pädagogischen Fachkräften kindliches Spielverhalten in den Phasen der frühkindlichen Entwicklung verständlich gemacht werden. Zugleich wird dies jedoch *nicht* in der Absicht geschehen, das Spielen einseitig zu verteidigen, indem für oder gegen bestimmte Spielformen oder gar pro oder contra Spiel*pädagogik* plädiert wird. Der Spiel- und Bildungsforscher Bernhard Hauser hat in einer tiefgehenden Literaturanalyse zur Bedeutung des Spielens in Krippen und Kindergärten darauf hingewiesen, dass wir es uns vor dem Hintergrund vielfältiger empirischer Forschungsergebnisse heute »nicht mehr leisten« können, »das Spiel der jungen Kinder dogmatisch zu verteidigen« – vielmehr sei es »an der Zeit, sich mit dem Spiel und vor allem mit dem Beitrag des Spiels zum Lernen der Kinder gründlich zu beschäftigen« (Hauser 2013, S. 14). Dies soll auch hier geschehen, indem vor allem die verschiedenen Sozialisationsfelder von kleinen Kindern in den Blick genommen werden. Zunächst wird in Kapitel 2 jedoch eine begriffliche Eingrenzung vorgenommen, gefolgt von einem historischen Blick auf den Spiel- und Beschäftigungstrieb unter Bezugnahme auf Friedrich Fröbel in Kapitel 3. Die wichtigsten Phasen der frühkindlichen Entwicklung des Spielens werden in Kapitel 4 dargestellt. Im Anschluss daran erfolgt ein Perspektivenwechsel hin zum Erleben der Kinder und zu den alltäglichen Erfahrungen in bestimmten Spielkontexten. Da Kinder nicht nur mit Gegenständen spielen, die wir Erwachsene ihnen als Spielzeug reichen, wird in Kapitel 5 gezeigt, wie Dinge aus Sicht von Kindern zu Spielzeug werden können. Anschließend werden in Kapitel 6 die von Kindern in ihrer Freizeit genutzten Spielorte in der Wohnung und in Kapitel 7 ihre Spielorte im Freien thematisiert. Das Spielen an diesen Orten hat sich im Zuge einer Individualisierung kindlicher Freizeittätigkeiten in den vergangenen Jahrzehnten verändert, u. a. da Kinder heute »aus einer großen Bandbreite von Möglichkeiten wählen können, aber auch wählen müssen« – und dies ist insbesondere der Fall, »da sich die Freizeit nicht mehr selbstverständlich aus der Tatsache ergibt, dass ein Kind vor die Türe tritt, auf der Straße Freunde trifft und mit diesen etwas unternimmt« (Fuhs 2002, S. 637). In Kapitel 8 wird zudem ein Blick auf das Spielen in Krippe und Kindergarten geworfen und damit auf Orte, an denen Kinder nicht selten erstmals in Kontakt mit größeren Kindergruppen kommen. Ein kulturgeschichtlich neuartiges Phänomen, das derzeit vielen Erwachsenen Sorgen bereitet, ist das in Kapitel 9 umrissene Spielen mit digitalen Medien. Hierzu wird ein Überblick über die aktuelle empirische Studienlage gegeben. In Kapitel 10 soll schließlich darauf eingegangen werden, inwieweit Spielen in der frühen Kindheit zwischen Anleitung und Freispiel stattfinden kann – eine einerseits grundlegende wissenschaftliche, aber andererseits auch von pädagogischen Fachkräften und Eltern tagtäglich gestellte Frage.

1 Spielen in der frühen Kindheit – ein anderer Blick auf Lernen

Allen, die durch dieses Buch Lust aufs Weiterlesen bekommen haben, seien insbesondere die Bücher und Aufsätze in der Literaturliste ans Herz gelegt. Ich habe mich bemüht, diese Liste übersichtlich zu halten. All diejenigen Kolleginnen und Kollegen aus der Forschung, die mit ihren Untersuchungen in diesem Buch nicht genannt sind, mögen mir verzeihen – ein Buch über Grundwissen zwingt zur Reduktion und Konzentration aufs Wesentliche.

2

Spielen und Spiele, Play und Game – eine Eingrenzung

Spielen kann gefühlt unendlich vieles sein. Aus unserem Alltag in modernen Gesellschaften kennen wir unter anderem Kreisspiele, Gedankenspiele, Wettkampfspiele, Planspiele oder Glücksspiele, die jeweils für sich einen eigenen Sinn aufweisen und die verschiedentlich in Pädagogik, Wirtschaft, Populärkultur und Freizeit anzutreffen sind. Ganz grob lässt sich zunächst einmal feststellen, dass Spielen »körperliches und mentales Handeln« ist und dass im Spiel »Welten und Menschen« (inter-)subjektiv erzeugt werden (Bilstein et al. 2005, S. 7). Im Spiel stellen wir uns etwas oder jemanden vor, wir nehmen Rollen ein, wir agieren in einem ›Als-Ob‹-Modus oder wir erproben und experimentieren.

2 Spielen und Spiele, Play und Game – eine Eingrenzung

Auf den ersten Blick scheint das Phänomen also überschaubar zu sein. Doch der Schein trügt. Sobald man beginnt, die o. g. Spielgestalten auf gemeinsame Merkmale hin zu untersuchen, gelingt es kaum, eine sachliche Substanz des Spielens festzustellen. Der Kinderarzt und Kommunikationsforscher Hanuš Papoušek (1922–2000) hat daher einmal treffend festgehalten, dass das Wort *Spiel* »ein täuschend einfacher Begriff« ist – täuschend ist er dabei, da es »eine kaum zu meisternde Aufgabe« darstellt, ihn angemessen zu bestimmen (Papoušek 2003, S. 17). Besser lässt sich das Problem dieses Kapitels kaum auf den Punkt bringen. Von einer wissenschaftlichen Disziplin werden in der Regel möglichst klare Begriffsbestimmungen erwartet. Im Fall des Spiels würde dies jedoch nicht nur den Rahmen dieses Kapitels sprengen, es wäre vielmehr eine überhaupt erst einmal zu leistende integrative Forschungsarbeit, wie sie als Ganzes bislang kaum existiert (vgl. jedoch: Hauser 2013). Hinzu kommt, dass in den wissenschaftlichen Debatten über das *Spiel* nicht nur dieser Begriff, sondern unter anderem auch der des *Spielens* bzw. – folgt man der internationalen Forschung – auch die Begriffe *play* und *game* verwendet werden. Im Folgenden wird der Versuch einer Integration dieser Begriffe vorgenommen, ohne dabei die vollständige Tiefe der in den wissenschaftlichen Disziplinen stattfindenden Auseinandersetzung wiedergeben zu können. Stattdessen werden mit Blick auf die frühe Kindheit hier zwei zentrale Perspektiven eingenommen: die des spielenden Kindes (Spielen bzw. play) und die der Kultur, die das Kind umgibt und die Spielsituationen durch spezielle Spielangebote beeinflusst (Spiele bzw. Games).

Dabei folge ich hinsichtlich der Terminologie einer Theorie des Sozialphilosophen George Herbert Mead (1863–1931), der den Phänomenen *play* und *game* (neben Sprache) einen zentralen Stellenwert bei der Entstehung der Identität (›self‹) zugewiesen hat: Im *play* entwickle das Kind demnach seine Identität durch Nachahmung von Handlungen, die es in der Gesellschaft beobachtet, und im *game* entwickle es sich folgend weiter, indem es verschiedene Haltungen, die in gesellschaftlichen Rollen existieren, übernimmt (vgl. Mead 1934): »Der erwachsene Mensch ist durch das Tor der Kindheit in die Gesellschaft eingetreten und brachte schon eine bestimmte Identität mit, die sich aus der Übernahme verschiedener Rollen entwickelt hatte« (Mead 1968/2017, S. 417). Jedoch ist Meads Theorie als Phasenmodell angelegt und bezieht sich vorrangig auf Nachahmungs- und Rollen- sowie Regelspiele in Gruppen. Meads Unterscheidung macht deutlich, dass die Spielaktivität, die zunächst vom kleinen Kind ausgeht (play), zunehmend durch gesellschaftliche Repräsentantinnen und Repräsentanten, besonders durch so genannte *signifikante Andere*, kulturell überformt wird (game). Die möglichen Spielformen des Kindes sind jedoch vielfältiger und folgen nicht zwingend einer Stufenabfolge (▶ Kap. 4). Im vorliegenden Buch werden die beiden Begriffe *play* und *game* zur Unterscheidung des spielenden Subjekts einerseits und der auf das Spielen kulturell einwirkenden (anderen) Subjekte andererseits – vor allem Erwachsene, aber auch peers – verwendet.

2.1 Spielen bzw. Play – die Tätigkeit des spielenden Subjekts

Spielen ist nicht nur bei Menschen zu beobachten. Es ist zwar eine »anthropologische Konstante« und lässt sich sogar als ein grundlegendes Bedürfnis einordnen, denn »zu allen Zeiten haben Menschen in allen Kulturen gespielt« (Stenger 2012, S. 52). Sein universelles Vorkommen in menschlichen Kulturen ist jedoch nicht unabhängig von Rahmenbedingungen, denn »in modernen Gesellschaften und in Hirtengesellschaften« wird häufiger gespielt als etwa in »Sammlerkulturen« (Hauser 2013, S. 134). Zudem ist Spielen keine ausschließlich menschliche Tätigkeit. Auch Tiere spielen, wie bereits der Philosoph und Psychologe Karl Groos (1861–1946) in einer eindrucksvollen Beobachtungsstudie beschrieben hat (vgl. Groos 1896). Sie tun dies vor allem in Situationen, die von keinem Mangel be-

2.1 Spielen bzw. Play – die Tätigkeit des spielenden Subjekts

stimmt sind (z. B. Hunger oder Durst). Groos konnte bestätigen, was schon Friedrich Schiller (1759–1805) in seinen Briefen über die ästhetische Erziehung des Menschen zum Spielen notiert hatte: »Das Tier arbeitet, wenn ein Mangel die Triebfeder seiner Tätigkeit ist, und es spielt, wenn der Reichtum der Kraft diese Triebfeder ist, wenn das überflüssige Leben sich selbst zur Tätigkeit stachelt« (Schiller 1795/1913, S. 109). Wichtig ist diese Einsicht auch für das Spielen bei uns Menschen, denn dieses scheint nicht nur selbst ein Grundbedürfnis und Bedingung für ein gutes Leben zu sein. Als Bedingung dafür, dass Spielen überhaupt stattfinden kann, müssen – bei Menschen wie bei Tieren – andere Bedürfnisse zunächst erfüllt sein. Diese Bedürfnisse sind jedoch nicht nur Hunger und Durst, sondern betreffen auch andere körperlich-emotionale Zustände (vgl. Nussbaum 2018). Ein Kind spielt z. B. nicht, wenn es Schmerzen hat. Und es spielt auch nicht, wenn es Angst hat. Es muss im wahrsten Sinne des Wortes ›frei‹ von einschränkenden physischen und psychischen Zuständen sein, damit Spielen möglich wird.

Besonders gut untersucht ist das Spielen bei Säugetieren. Phylogenetische Studien – darunter vor allem Verhaltensbeobachtungen und experimentelle Versuche – an Beuteltieren, Nagetieren, Herbivoren, Carnivoren, Delphinen, Affen und Hominiden zeigen, dass diese auf verschiedenste Arten spielend tätig sind (vgl. Papoušek 2003, S. 19).[2]

Doch welche Merkmale kennzeichnen nun das menschliche Spiel, wenn alle notwendigen Bedürfnisse befriedigt sind und ein

---

[2] Nicht alle körperlichen Reaktionen wie auch Emotionen von Kindern sind jedoch hinderlich für das kindliche Spiel. Manche bieten sogar Spielanlässe. Unter Rückgriff auf die pädagogische Theorie Wolfgang Sünkels lassen sich solche emotionalen innerlichen Akte als »spontane Tätigkeitsdispositionen« bezeichnen, die etwa als »Liebe, Trauer, Freude, Empörung, Hass, Verzweiflung« (Sünkel 2011, S. 59) usw. Aneignungssituationen und damit auch Spiele regelrecht befördern können. Vor diesem Hintergrund bieten sich Spiele z. B. sogar an, um Kindern die Angst vor einer OP, vor einem Besuch bei einer Zahnärztin usw. zu nehmen.

Kind tatsächlich eine Spieltätigkeit beginnt? Laut dem Entwicklungspsychologen Rolf Oerter lässt sich Spielen durch drei zentrale Merkmale kennzeichnen (vgl. Oerter 2008, S. 237): Erstens besitzt es immer einen »Selbstzweck«, d. h. im Spiel ist das spielende Kind immer »um der Handlung willen« (ebd.) tätig. Zweitens findet in der Spieltätigkeit immer ein »Wechsel des Realitätsbezuges« (ebd.) statt. Dies geschieht dadurch, dass Situationen fiktiv vom spielenden Kind konstruiert werden. Zudem zeigen sich drittens in allen Spielformen potenziell »Wiederholungen von Handlungen« (ebd.), die vom spielenden Subjekt zum Teil sogar exzessiv und ritualisiert betrieben werden.

2.2 Spiele bzw. Games – Versuche einer kulturellen Institutionalisierung des Spiels

Auch wenn die Spieltätigkeit eines Kindes und bestimmte Spielangebote im Ereignis des Spielens zusammenfallen können (vor allem bei Regelspielen, sofern die spielenden Kinder die Regeln tatsächlich befolgen), so herrscht dennoch eine systematische Differenz. Kinder spielen schließlich auch ohne Angebote, indem sie Alltags- oder Naturgegenstände umfunktionieren und umnutzen (▶ Kap. 5). Daher sind *Spiele als kulturelle Angebote* von der Spieltätigkeit des Kindes zu unterscheiden.

Bei uns Primaten bilden Spiele im Vergleich zur Spieltätigkeit der Tiere die »differenzierteste Ebene« des Spielens, das »in variationsreichen, frei gestalteten Formen« stattfindet (Papoušek 2003, S. 24). Diese verschiedenen Formen der Spieltätigkeit, die bestimmte Merkmale aufweisen, die sich gruppieren lassen und die sogar Regeln folgen, werden gemeinhin als *Spiele* bzw. im angloamerikanischen Sprachraum als *Games* bezeichnet. Sie werden nicht durchweg von Kindern in einer freien Spieltätigkeit – quasi durch explorierende Entdeckung – selbst entwickelt, sondern bilden aus einer (meist erwachsenen) Beobachtungsperspektive jeweils bestimmte Verhaltensmuster, die sich etwa in Konstruktionsspiele, Rollenspiele, Regelspiele und weitere Spiele gliedern lassen (▶ Kap. 4). Solche Spiele überhaupt festzustellen, lässt sich bereits als eine Form der kulturellen Institutionalisierung des Spielens bezeichnen, die dann ihren pädagogischen Höhepunkt findet, wenn Spiele *absichtsvoll* entwickelt und Kindern aus *didaktischen Gründen* angeboten werden. Das beste Beispiel für eine solche intendierte Schaffung von Spielen ist Spielzeug. Als Mittel zur geplanten Einwirkung auf Kinder und Jugendliche haben die Spielmittel eine lange Tradition, die in der Menschheitsgeschichte Jahrtausende zurückreicht (vgl. Retter 1979). In der Pädagogik der frühen Kindheit gelten Fröbels Spiel- und Beschäftigungsmittel (▶ Kap. 3) oder auch Maria Montessoris Lern- und Entwicklungsmaterialien entsprechend als ›klassisch‹.

Doch nicht nur Erwachsene bieten Kindern bestimmte Spielformate an, auch innerhalb von Kinderkulturen werden bestimmte Spiele weitergegeben. Dies meint keine Kultur für Kinder, die von Erwachsenen intentional geschaffen und z. T. geschäftsmäßig beworben wird, sondern eine Kultur von Kindern für Kinder. Ein wichtiges, wenn nicht sogar das zentrale Element einer solchen Idee von Kinderkultur ist das Spielen selbst: »Dabei lernen sie über sich und die Welt, und dies in eigener Regie und ohne Pädagogik« (Wegener-Spöhring 2011, S. 27). Diese besondere Form der Games entsteht quasi zur reinen Unterhaltung und Freizeitbeschäftigung, sprich: um des Spielens selbst willen.

Während im 20. Jahrhundert Nachbarschaften und Schulhöfe entsprechende Orte der Weitergabe und Vermittlung verschiedenster Kinderspiele von Kindern für Kinder waren (vgl. Friedl 2015), so haben wir es heute jedoch mit einer deutlich komplexeren Situation zu tun.[3] Gegenwärtig besteht in modernen Industrienationen eine deutlich breitere Auswahl und Vielfalt an verfügbaren

---

3 Formeln wie »[v]om Straßenkind zum verhäuslichten Kind« (Zinnecker 1990, S. 142) zeigen gewisse Veränderungen des Alltags von Kindern vom 19. bis weit ins 20. Jahrhundert hinein an. Allerdings ist es heute mitnich-

Spielangeboten – auch und gerade in der frühen Kindheit. Hinzugetreten sind gänzlich neue Spiele, darunter auch die digitalen Spiele auf festen und tragbaren Spielkonsolen, Tablets und Smartphones (bei denen im Übrigen ebenso wie bei Spielen an Straßen, in Höfen und auf Schulhöfen eine Weitergabe von Spielhandlungen und -techniken von Kind zu Kind vermutet werden darf).

Es ist allerdings auch festzuhalten: Dem spielenden Subjekt sind solche Gliederungen von Spielangeboten und Verhaltensweisen in der tatsächlichen Handlung des Spielens wahrscheinlich ziemlich gleichgültig. Für das spielende Kind sind Lusterfüllung oder Spannung in der Spieltätigkeit entscheidende Aspekte für Beginn, Durchführung und Dauer des Spielens (vgl. Hauser 2013).

2.3 Was bleibt außer der Vielfalt an Begriffen und einer gewissen Unschärfe?

Die oben vorgenommene Unterscheidung zwischen Spielen (als subjektive Spieltätigkeit) und Spiel (als kulturelles Angebot von Spielhandlungen und/oder -materialien) ist insbesondere für pädagogische Situationen zwischen den Generationen relevant: Was ein Kind spielt bzw. was für Kinder tatsächlich ein Spiel ist, sieht für Pädagoginnen und Pädagogen nicht immer nach einem Spiel aus. Die wohl bekannteste und am meisten diskutierte Spielform, die hierfür als Beispiel dienen kann, ist das im Einzelfall gar nicht so leicht einzuschätzende Rough-and-Tumble-Play, bei dem Kinder körperliche Auseinandersetzungen simulieren, die aber auch an der Grenze zur körperlichen Gewalt stattfinden können. Gerade dies scheint aus Sicht von Kindern aber auch der Reiz solcher

---

ten der Fall, dass häusliche Kinderspiele die Spiele im Freien abgelöst hätten (▶ Kap. 6 und 7).

2.3 Was bleibt außer der Vielfalt an Begriffen und einer gewissen Unschärfe?

Spiele zu sein, die von Erwachsenen nicht selten unterbrochen werden, weil sie aus deren Sicht eben nicht als Spiele gelten. Auf der anderen Seite machen sich Erwachsene nicht selten viel Mühe, das kindliche Spielen absichtsvoll zu initiieren. Erfahrungsgemäß führt dies aufseiten von Kindern aber nicht zwangsläufig zu einer Spieltätigkeit.

Wie bereits angedeutet wurde, ist es schwierig, die verschiedenen Deutungsmöglichkeiten des Spiels auf einen Begriff zu bringen, und dies hat nicht allein mit der Sache an sich zu tun. Ein weiterer »Grund für diese Schwierigkeiten liegt möglicherweise in der deutschen Sprache, die mit dem Wort ›Spiel‹ viele und recht unterschiedliche Sachverhalte belegt« und dabei ein regelrechtes »Feuerwerk an sprachlichen Analogien und Metaphern« bereithält (Fritz 2004, S. 14). Dementsprechend lässt sich das Phänomen Spiel auch in Bildungssituationen keineswegs leicht erkennen und es ist außerdem auch »gar nicht ausgemacht, dass das, was wir als Beobachter für kindliches Spiel ansehen, für das Kind selber eben diese Bedeutung hat« (Prange & Strobel-Eisele 2015, S. 122). Dieser subjektiv begründeten Komplexität gemäß sind auch die wissenschaftlichen Debatten über das kindliche Spiel vielfältig. Sie bewegen sich zwischen Ethnologie und Kulturgeschichte, Kunst und Sprachwissenschaft sowie Entwicklungspsychologie und Pädagogik. In der wissenschaftlichen Literatur der vergangenen 200 Jahre finden sich zahlreiche Versuche zur Bestimmung eines Spielbegriffs. Eine besondere Hürde bei den allerdings wenigen Versuchen, einen allgemeinen Spielbegriff herzuleiten, bilden die unterschiedlichen Ansprüche an das Spiel. Hierbei vermengen sich meist die Ideen darüber, was das Spiel ist (faktische Begriffsbestimmung) und wie das Spiel sein sollte (welche Aufgaben es in einer Gesellschaft oder für das spielende Individuum zu erfüllen hat).

Bei allen Unterschieden lässt sich jedoch grundlegend festhalten: Damit ein Spiel überhaupt geschieht, muss jemand spielen, d. h. spielend tätig sein. Spiel ist dabei ein variables Geschehen, das verschiedenen Mustern und Handlungsrahmen folgt und dementsprechend in unterschiedlichen Gestalten auftritt (▶ Kap. 4, die

Formen des Spiels). Spielen ist jedoch als subjektive Tätigkeit desjenigen Menschen, der spielt, immer ein absichtsvolles und gegenstandsbezogenes Handeln (vgl. Oerter 2011). In diesem Sinne prägte das Spielen seit Anbeginn der menschlichen Gattungsexistenz unser Verhaltensrepertoire und tut dies noch immer. *Absichtsvoll* ist das Spielen in dem Sinne, dass Menschen nur dann spielen, wenn sie auch spielen wollen. Sie lassen sich nicht dazu zwingen und müssen schon ein Mindestmaß an Lust mitbringen, um ein Spiel überhaupt zu beginnen. Die Motivation zum Spielen kommt somit »von innen heraus« (Mietzel 2002, S. 155). *Gegenstandsbezogen* ist das Spielen zudem, da es sich aus der Sicht des Menschen als ›Subjekt‹ immer auf ein ›Objekt‹ richtet. Diese Objekte können materiell (Dinge, Menschen) oder geistig (Ideen, Gedanken) bzw. körperlich (eine bestimmte Fertigkeit wie z.B. Seilspringen) sein.[4] Wenn Kinder spielen, verfolgen sie somit Absichten und Interessen und richten diese immer auf ›etwas‹. Dieses ›etwas‹ bildet entweder unmittelbar das *Thema* des Spiels (z.B. der *Ball*) oder aber es erfüllt zumindest eine Funktion in der *Auseinandersetzung mit einem Thema* (das *Hin- und Herrollen* des Balls). Nicht selten finden im Spiel zudem Gegenstände Verwendung, die durch die spezifische Spieltätigkeit – insbesondere des kleinen Kindes – eine Spielbedeutung erlangen, die sich von der üblichen, durch die Erwachsenenwelt zugeschriebenen unterscheidet (vgl. Èl'konin 1980/2010, S. 335; ▶ Kap. 5).

---

4 Insbesondere diese in der Spieltätigkeit von Kindern ausgeübten Fertigkeiten zeigen uns Erwachsenen meist sehr anschaulich, welches Können sich Kinder im Modus des Spiels bereits angeeignet – sprich: gelernt – haben (vgl. grundlegend: Sünkel 2011).

3

Spielen als Folge des Spiel- und Beschäftigungstriebs – eine Erinnerung an Friedrich Fröbel

Wer sich mit dem Spielen in der frühen Kindheit beschäftigt, kommt an einer Auseinandersetzung mit der Geschichte des Kinderspiels und dabei auch an Friedrich Fröbel (1782–1852) und den von ihm ausgebildeten Kindergärtnerinnen nicht vorbei. Laut dem Erziehungshistoriker Frithjof Grell (2013) war es Fröbel, dem erstmals in der Geschichte der Pädagogik eine »überzeugende Lösung der Aufgabe« gelungen sei, »Kindern im Vorschulalter die Welt in einer geordneten und zugleich sinnlich erfahrbaren Form zugänglich zu machen« (ebd., S. 158). Im Jahr 1840 gründete Fröbel in

Blankenburg den weltweit ersten Kindergarten. Für diese neuartige Institution hatte er ein grundlegend reformiertes spielpädagogisches Handlungskonzept für frühpädagogische Fachkräfte entworfen und nach 1840 gemeinsam mit Kindergärtnerinnen, die aus seinen Ausbildungskursen mit dieser neuen Berufsbezeichnung hervorgingen, erprobt und weiterentwickelt (vgl. Sauerbrey & Winkler 2018). Am Wichtigsten für das Verständnis dieser neuen Spielpädagogik für den Kindergarten – im Übrigen aber auch für die Familie – ist der so genannte *Spiel- und Beschäftigungstrieb* des Kindes. Die Impulse in Fröbels Biografie, die zur Entwicklung dieser Idee beigetragen haben, werden im Folgenden knapp skizziert. Im Anschluss wird die Bedeutung des aus Fröbels Sicht »gesetzmäßig verlaufenden Spieltrieb[s]« (Höhne 2016, S. 185) aufgezeigt.

3.1 Pädagogische Impulse in Fröbels Biografie

Fröbel wurde als sechstes Kind seiner Familie in Oberweißbach im Thüringer Wald geboren. Seine Mutter starb wenige Monate nach seiner Geburt. Sein Vater, ein protestantischer Pfarrer, betreute neben Oberweißbach weitere Orte als Seelsorger. Vor diesem Hintergrund war Fröbel schon früh weitgehend auf sich selbst gestellt. In seinen Briefen beschrieb er später, dass Selbsterziehung und Selbstbetrachtung seine Kindheit geprägt haben (vgl. Sauerbrey & Winkler 2018). Die spätere Suche nach einem zufriedenstellenden Beruf blieb lange Zeit erfolglos – einer Ausbildung als Feldvermesser folgte ein Studium der Naturwissenschaften an der Jenaer Universität, das aber bereits nach kurzer Zeit abgebrochen wurde, im Anschluss erneut eine Arbeit als Feldvermesser, dann als Gutsverwalter, dann als Sekretär. Im Juni 1805 reiste Fröbel schließlich nach Frankfurt am Main, um sich als Architekt auszubilden. Inmitten dieser Suche nach einem zufriedenstellenden Beruf kam Fröbel dort an einer Reformschule mit der Pädagogik Johann Heinrich

3.1 Pädagogische Impulse in Fröbels Biografie

Pestalozzis (1746–1827) in Kontakt. Fröbels erste Reaktion in einem Brief an seinen Bruder war begeistert: »[E]s war mir, als wäre ich [...] zu diesem Geschäfte geboren« (Heiland 1982, S. 20). Neben der Anstellung als Lehrer in der Schule arbeitete Fröbel auch als Hauslehrer bzw. Privaterzieher und hospitierte in der Schweiz am Institut des seinerzeit bereits prominenten Pädagogen Johann Heinrich Pestalozzi, wo Fröbel dessen ›Elementarbildung‹ als Vermittlungsmethode kennenlernte und erprobte. Fröbel übernahm jedoch nicht bloß Ideen Pestalozzis, der seine Elementarbildung als pädagogische *Universalmethode* verstand, sondern entwickelte auch eigene Ansätze. Vor allem hatte Fröbel erkannt, dass für das Lernen jüngerer Kinder eine besondere Form des pädagogischen Handelns erforderlich ist, die gerade nicht durch eine Universalmethode ersetzt werden kann (vgl. Sauerbrey & Winkler 2018). Doch erst später sollte er diese Idee wieder aufgreifen und für die Frühpädagogik fruchtbar machen. Gemeinsam mit einigen Mitstreitern gründete Fröbel 1816 zunächst die ›Allgemeine Deutsche Erziehungsanstalt‹ – eine Schule ähnlich der späteren Landerziehungsheime, die 1817 ihren festen Sitz in Keilhau bei Rudolstadt fand und die noch heute dort in Form einer Gemeinschaftsschule fortbesteht. Unterstützung bei der Erziehung der Kinder bekam Fröbel von seiner Ehefrau Henriette Wilhelmine Hoffmeister. Ausgehend von seinen bisherigen pädagogischen Erfahrungen schuf er in Keilhau nun sein pädagogisches Hauptwerk mit dem Titel ›Die Menschenerziehung‹ (vgl. Fröbel 1826/1982). Das Buch wurde 1826 veröffentlicht und gilt noch heute als Grundlage der Pädagogik Fröbels. An zahlreichen Stellen findet sich darin die pädagogische Praxis der Keilhauer Schule, aber auch der Umgang mit Säuglingen und Kleinkindern wird bereits beschrieben. Dabei hebt Fröbel ausführlich die Bedeutung des Spiels im frühen Kindesalter hervor. Spiel sei demnach keine »Spielerei«, es habe vielmehr »hohen Ernst und tiefe Bedeutung« (ebd., S. 36). Diese Idee war ebenso wie Fröbels Bild vom Kleinkind eher unzeitgemäß: Im Kind sei Göttliches angelegt und somit sei es von Grund auf gut. Erziehung bedeute vor diesem Hintergrund immer die Anregung einer bereits vorhandenen (für Fröbel: göttlichen) Kraft im Kind. Bei einer solchen Erziehung im Sinne Fröbels bilden das Sich-Bewusstwerden und die Selbstbestimmung des Kindes zentrale Elemente der menschlichen Entwicklung (vgl. ebd.). Zwischen 1831 und 1836 lebten Fröbel und seine Gattin in der Schweiz, wo er an weiteren Erziehungseinrichtungen arbeitete. Ende 1836 kehrte das Ehepaar jedoch zurück und nahm seinen Wohnsitz in Blankenburg nahe Keilhau. In der Schweiz hatte Fröbel seine früheren Ideen zu einer besonderen Form pädagogischen Handelns in der frühen Kindheit weiterentwickelt (vgl. Sauerbrey 2013). Diese Handlungsform, das Spielen bzw. das Arrangieren und Begleiten von Kinderspielen, darf jedoch nicht als starre ›Methode‹ verstanden werden. Sie war nicht wie Pestalozzis Idee der Elementarbildung für Kinder aller Altersklassen vorgesehen. Fröbels Pädagogik orientierte sich – gemäß seinem Erziehungsverständnis und seinem Bild vom Kind – vielmehr an der Entwicklung des einzelnen Menschen. In Blankenburg arbeitete er diesen Ansatz in zahlreichen Aufsätzen und Briefen zu dem aus, was wir heute als seine Spielpädagogik kennen (vgl. Heiland 1998).

3.2 Die Entdeckung des Spieltriebs

Da Fröbel durch seine jahrzehntelangen Beobachtungen erkannt hatte, dass kleine Kinder einen anthropologischen ›Spiel- und Beschäftigungstrieb‹ besitzen, zog er daraus den Schluss, dass das pädagogische Handeln von Eltern und Kindergärtnerinnen in der frühen Kindheit das Spiel der Kinder ermöglichen, unterstützen und anleiten müsse. So entstand schließlich Fröbels Konzept der ›Spielpflege‹. Sie bildet den Kern seiner gesamten Kindergartenpädagogik. Die pädagogisch relevante Triebidee Fröbels lautet: »Jedes Kind ist selbst tätig, hat eine Kraft in sich, einen Spiel- und Beschäftigungstrieb, mit dem es sich selbst verändern und sogar die Welt gestalten kann. Jedes Kind ist zur Erkenntnis fähig, die ihm selbst ermöglicht ist, aber nicht aus ihm heraus allein entsteht« (Sauerbrey & Winkler 2018, S. 102). Weshalb Fröbel hierfür ausgerechnet den Begriff *Trieb* wählte, ist bislang ideengeschichtlich nicht untersucht worden. Wirklich bekannt wurde der Begriff als eigener fachlicher Terminus mit Blick auf den Menschen eigentlich erst mit der deutlich später entstandenen Psychoanalyse, in der Sigmund Freud (1856–1939) eine eigene Triebtheorie aufgestellt und Zeit seines Lebens weiterentwickelt hatte. Möglich ist jedoch, dass Fröbel den Begriff *Bildungstrieb* aus den Werken des Anthropologen Johann Friedrich Blumenbach (1752–1840) kennengelernt hatte. Dieser hatte nicht nur ein prominentes und an Universitäten vielgenutztes Lehrbuch der Naturgeschichte veröffentlicht, sondern auch ein mehrfach neu aufgelegtes Buch »Über den Bildungstrieb und das Zeugungsgeschäfte« (vgl. Blumenbach 1781) geschrieben. Er hatte dabei den Begriff *Bildungstrieb* unter der lateinischen Bezeichnung *nisus formativus* in die naturwissenschaftlichen Debatten eingeführt, die Fröbel in seinem Studium in Jena kennengelernt haben könnte. Blumenbach ging mit dieser Idee davon aus, dass es einen inneren Trieb, »eine innere Tendenz der organisierten Materie« geben müsse, »die auf Gestaltung und Ausbildung des Organismus« gerichtet sei (Eisler 1904, S. 156). Fröbels ebenfalls anthropologisches Prinzip eines Spiel- und Beschäftigungstriebes, der die Quelle der Gestaltung und Ausbildung des eigenen Bildungsprozesses sei, ist dem naturwissenschaftlichen Bildungstrieb Blumenbachs zumindest auffällig ähnlich.

3.3 Spielpflege und Spielmittel als pädagogisch-didaktische Reaktion auf den Spieltrieb

Die alleinige Einsicht einer durch etwas Inneres angetriebenen Spieltätigkeit von Kleinkindern genügte Fröbel jedoch nicht. Wie seine praktisch ausgeübte Menschenerziehung in Keilhau, die zur Selbstbestimmung der Kinder führen sollte, so musste auch die Spielpflege in der frühen Kindheit durch eine eigene Einrichtung befördert werden. In Blankenburg (heute: Bad Blankenburg/Thüringen) gründete Fröbel daher zunächst die so genannte ›Anstalt zur Pflege des Beschäftigungstriebes der Kindheit und Jugend‹. Darin entwickelte und erprobte er eigens entworfene Spiel- und Beschäftigungsmittel zur Pflege des kindlichen Spieltriebes. Nach längerer Vorbereitung stiftete er dann schließlich am 28. Juni 1840 auf einer feierlichen Gründungsveranstaltung den ersten ›Allgemeinen deutschen Kindergarten‹. *Allgemein* war dieser nicht nur im Sinne einer inhaltlich breit angelegten elementaren Bildung für kleine Kinder. Die Einrichtung war auch *für die Allgemeinheit* vorgesehen – und zwar unabhängig von gesellschaftlichen Ständen oder Konfessionen, in denen die Kinder aufwuchsen.

Der Kindergarten war durch das Handlungskonzept einer kindgerechten Spielpflege einerseits innovativ. Andererseits darf aber nicht unbeachtet bleiben, dass Fröbels Betreuung kleiner Kinder durchaus an bereits bestehende Kleinkindereinrichtungen – vor allem die so genannten Kleinkinderschulen und -bewahranstalten – angelehnt war. Allerdings besaßen die meisten dieser Einrichtungen kaum ein auf die Bedürfnisse kleiner Kinder zugeschnittenes pädagogisches Handlungskonzept. In Blankenburg schuf Fröbel daher für sein Handlungskonzept greifbares Material – zunächst die so genannten *Spielgaben*. Sie bestehen aus den Grundkörpern Kugel, Walze und Würfel. Beim Bauen und Legen mit den Spielgaben werden neben elementaren Formen auch Lebensformen (Häuser, Stühle, Lebewesen etc.) und Schönheitsformen (symmetrische Muster) durch die Kinder erschlossen. Eine solche Spielpflege geschieht dabei aber keineswegs ›passiv‹ durch bloße Anschauung, sondern indem Kinder selbst im Spiel Formen darstellen, ordnen, bauen und legen. Erwachsene pflegen diese Spieltätigkeiten mithilfe der Spielgaben, indem sie das Spielen ermöglichen, initiieren, unterstützen, sprachlich begleiten und anleiten (vgl. Sauerbrey 2013). Ziel ist es, den inneren Spiel- und

3.3 Spielpflege und Spielmittel als pädagogisch-didaktische Reaktion

Beschäftigungstrieb des Kindes mit passendem Material anzuregen:

»Die Spielgabe hebt das Spiel nicht als Spiel auf, im Gegenteil. Manchmal beginnen die Kinder überhaupt erst zu spielen, wenn sie einen Gegenstand finden, der den Trieb befriedigt. Gibt man ihnen die Spielgabe, lassen sie diese erst einmal in Ruhe, spielen weiter, frei, selbstbestimmt, nehmen das Objekt auf, um mit ihm dann zu spielen« (Sauerbrey & Winkler 2018, S. 170).

Anleitungen des Kinderspiels dürfen daher nicht als ›getarnte‹ Variante des Schulunterrichts missverstanden werden, aber auch keinesfalls als bloßes Wachsenlassen des Kindes, sondern als bewusst ausgeübte Spielpflege, die den Bedürfnissen und den jeweiligen Entwicklungsständen der Kinder entspricht. Spielpflege nach Fröbel ist eine Handlungskunst, die von professionellen pädagogischen Fachkräften und – so Fröbels Idee – auch von Eltern *erlernt und didaktisch durchdrungen* werden müsse. Neben den körperartigen Spielmitteln finden sich in seinem Handlungskonzept daher auch flächen-, linien- und punktförmige Mittel. Bereits an dieser Gliederung zeigt sich, dass Fröbel seine Spielpädagogik nicht beliebig aufbaute. Die Spiel- und Beschäftigungsmittel zielen darauf ab, Kleinkindern die Welt in ›geordneter Form‹ darzubieten. Sie sollen eine mathematisch-naturwissenschaftliche Welt in sinnvollen Kategorien im Spiel ›greifbar‹ und erfassbar machen.

Ein weiteres Element der Fröbel'schen Spielpädagogik sind die *Kreis- und Bewegungsspiele*. Durch Sprache und Gesang begleitet, stellen Kindergruppen dabei unter anderem Lebewesen und Handlungen dar. Auch Fröbels *Mutter-, Spiel- und Koselieder*, die als Familienbuch konzipiert sind, aber auch bereits in den ersten Kindergärten verwendet wurden, zielen neben Sprache und Gesang auch auf Fingerfertigkeit, Aufmerksamkeitsentwicklung und den Aufbau emotionaler Nähe zwischen Kindern und Betreuungspersonen ab. Fröbels Idee bestand darin, durch dieses Buch »notwendigen Bildungsstoff […] kindgerecht darzubieten«, unter anderem mittels »Bekanntmachen des Kindes mit seinem Körper durch die Mutter« (z. B. das ›Strampfelbein‹), durch »das Kennenlernen der näheren und ferneren Umgebung des Kindes« (das ›Turmhähnchen‹) und das Lenken der kindlichen Aufmerksamkeit auf »Dinge und Erscheinungen aus der lebenden und nichtlebenden Natur und ihre Beziehung zum Kind« selbst (z. B. ›Die Reiter und das missgelaunte Kind‹) (Knechtel 1999, S. 109). Durch das Zeigen und Benennen von Körperteilen werden diese zum Gegenstand der gemeinsamen Aufmerksamkeit. Die die Körperteile bezeichnenden Wörter macht sich das Kind parallel zur Anschauung zu eigen: »Die Mutter benennt die Teile des kindlichen Leibes [...], bezeichnet ihre Eigenschaften und Zwecke [...] und fordert vom Kind, auf die von der Mutter genannten Teile seines Körpers zu zeigen« (Heiland 1989, S. 14). Hier geschieht ein ›Hinweisen‹ auf die Welt und ein ›Be-Deuten‹ ihrer Artefakte. Durch das Hindeuten auf Gegenstände der nahen und fernen Umwelt, die das Kind umgibt, und durch das begleitete und deutende Wort teilen Kind und Erwachsener ihre Aufmerksamkeiten und entwickeln ihre Intentionen. Sie blicken beide gemeinsam *auf* etwas und sprechen in der Folge *über* dieses Etwas. Fröbel versteht eine solche Entwicklung bereits als Form des Spiels, wenn er im »Strampfelbein« zum Sinn des Spielliedes schreibt: »Durch Aeuß'res zu pflegen sein [des Kindes, U. S.] inneres Leben; Durch Scherze und Spiele und inniges Necken Gefühle, Empfindung und Ahnen zu wecken« (Fröbel 1844/1982, S. 27).

Heute lassen sich verschiedene Verbindungen zwischen Fröbels Ideen und frühpädagogischen Erkenntnissen der Gegenwart herstellen. Fröbel wies als einer der ersten pädagogischen ›Klassiker‹ auf die hohe Bedeutung spielenden Lernens in der frühen Kindheit hin. Das Kind wird von Fröbel dialektisch als ein Sich-Bewusstwerdendes (›becoming‹), aber schon früh über Selbstbestimmung verfügendes Wesen (›being‹) verstanden. Sein Verständnis vom Kind bzw. von kindlicher Interaktion ist somit anschlussfähig an die weit verbreitete Idee eines Ko-Konstruktivismus. Zur Anregung des kindlichen Explorationsverhaltens entwarf er außerdem Spiel- und Beschäftigungsmittel, die als dingliche Arrangements die Möglichkeit zur ›indirekten Erziehung‹ bilden. »Im Falle der indirekten Erziehung geschieht die Aufforderung zur Bildung dadurch, dass die Fachkraft Lern- und Spielgelegenheiten schafft« (Liegle 2012, S. 11). Schlussendlich hat Fröbel einen wichtigen Beitrag zur Elementardidaktik geleistet, indem er die im Spiel vermittelte Welt in Formen, Flächen, Linien, Punkte, symmetrische Strukturen, Farben, Mengen, Alltagsgegenstände und weitere Elemente gliederte. Anhand seiner für den Kindergarten entwickelten Spielpädagogik lässt sich zeigen, dass sich das kindliche Spielen und pädagogisches Handeln nicht prinzipiell ausschließen. Die Frage, wie eine solche Handlungskunst tatsächlich stattfinden kann, aber auch vor welche Herausforderungen sie gestellt ist, wird in Kapitel 10 zum Thema gemacht.

4

Formen der Spielentwicklung im frühen Kindesalter

Kinder spielen je nach Alter sehr unterschiedlich. Die Entwicklung des Spielverhaltens im Kindesalter ist ein Prozess, der durch unterschiedliche Spielformen in verschiedenen Lebensphasen des Kindes gekennzeichnet ist. Bereits die Alltagserfahrung zeigt, dass zweijährige Kinder anders als fünfjährige und diese wiederum anders als neunjährige spielen. Anhand dieser unterschiedlichen spielerischen Tätigkeitsformen lässt sich überhaupt erst erkennen, dass sich das Spielen und die ausgeübten Spiele über die kindliche Lebensphase hinweg verändern.

Um die Entwicklung der Spielformen im frühen Kindesalter verdeutlichen zu können, werden im Folgenden zunächst die Begriffe *Spiel* bzw. *Spielen* umrissen. Im Anschluss an diese Begriffsbestimmung wird die Spielentwicklung selbst in den Blick genommen und hinsichtlich ihrer stufenartigen Formen und beobachtbaren Gestalten beschrieben. Abschließend wird geklärt, welcher Zusammenhang zwischen der kindlichen Spielentwicklung und pädagogischem Handeln besteht. Im Zentrum stehen dabei zwei grundlegende Handlungsformen, die das Spielen in der kindlichen Entwicklung unterstützen können.[5]

In der pädagogisch-psychologischen und entwicklungspsychologischen Literatur finden sich unterschiedliche Differenzierungen der Spielentwicklung in der Kindheit. Der Grundschuldidaktiker und Bildungsforscher Wolfgang Einsiedler (1999) führte vier Grundformen des kindlichen Spiels auf: »Psychomotorische Spiele, Fantasie- und Rollenspiele, Bauspiele sowie Regelspiele« (ebd., S. 58 ff.). Der Entwicklungspsychologe Rolf Oerter (2008) hingegen unterscheidet sechs Grundformen: »das sensumotorische Spiel, das Informationsspiel bzw. das Explorationsverhalten, die Konstruktionsspiele, das Als-ob-Spiel, das Rollenspiel und das Regelspiel«; die ersten drei dieser sechs Spielformen werden als »realitätsorientiert« beschrieben (ebd., S. 239). Aufgrund der starken Differenzierung kindlicher Spielformen orientiert sich die Darstellung im Folgenden an der Oerter'schen Sechsteilung, bezieht dabei aber auch Ausführungen von Wolfgang Einsiedler (1999), Gerd Mietzel (2002) und Laura Berk (2011) mit ein.

---

5 Dieses Kapitel ist inhaltlich stark angelehnt an einen Beitrag von mir aus dem von Janina Strohmer herausgegebenen Nachschlagewerk »Psychologische Grundlagen für Fachkräfte in Kindergarten, Krippe und Hort« (vgl. Sauerbrey 2018a).

4.1 Sensumotorische Spiele – Bewegungen sinnlich einüben

Der Begriff ›sensumotorisch‹ setzt sich zusammen aus dem lateinischen *sentire* (fühlen, empfinden, wahrnehmen) und *movere* (bewegen). Im sensumotorischen Spiel lernen Kinder bereits im Laufe des ersten Lebensjahres, ihre selbst ausgeführten Bewegungen sinnlich wahrzunehmen und zunehmend zu koordinieren. Diese Spielformen finden bereits statt, wenn Kleinstkinder mit ihren Händen spielen und Bewegungen mit ihren Armen in bestimmten Situationen wiederholen: »Das Kind hat Freude an Körperbewegungen und wiederholt diese oft lange Zeit« (Oerter 2008, S. 239). In der Folge richten sich die Bewegungen des Kindes jedoch »mehr und mehr auf Gegenstände«, darunter auch »Körperteile«, später dann auch »bevorzugt auf neue Gegenstände, mit denen manipuliert wird« (ebd.). Sensumotorisch sind Spiele in diesem Sinne auch, wenn Kleinstkinder Bälle und andere Dinge aus der Umgebung zum Greifen verwenden, sie ansehen, drehen, wegwerfen, durch den Raum rollen usw. In einigen älteren wissenschaftlichen Texten wird diese Spielform auch als *Funktionsspiel* (Bühler), als *Übungsspiel* (Piaget) oder als *psychomotorisches Spiel* bezeichnet (vgl. Einsiedler 1999, S. 58). Empirisch ist die Entwicklung dieser Spielform gut untersucht. Sie findet vor allem im ersten und zweiten Lebensjahr statt und wird dabei zunehmend komplexer:

> »Das sensumotorische Spiel mit einem Einzelgegenstand (z. B. Rassel) nimmt zwischen sieben und 30 Monaten allmählich ab; der kulturell adäquate Umgang mit Gegenständen (z. B. Benutzen einer Tasse) ist zwischen 9 und 13 Monaten häufiger zu beobachten, während komplizierte Handlungen mit Alltagsgegenständen (Einhalten einer Reihenfolge, Einbeziehung mehrerer Gegenstände) erst mit 18 bis 24 Monaten auftreten« (Oerter 2008, S. 239).

4.2 Informationsspiel und Explorationsverhalten – Dinge in der Umwelt erkunden

Dem zeitlichen Auftreten und der äußeren Erscheinung nach zu urteilen ist das Informationsspiel mit dem sensumotorischen Spiel eng verbunden. Auch beim Informationsspiel gehen Kinder mit Gegenständen um, allerdings hat dieser Umgang nun eher eine Erkundungsfunktion: »Das Kind will herausbekommen, was man mit den Gegenständen machen kann, wie sie beschaffen sind oder wie sie innen aussehen« (ebd.). Da Kinder auf diese Weise ihre Umwelt und die dort gefundenen Dinge explorieren (erkunden), wird in Bezug auf das Informationsspiel auch vom Explorationsverhalten gesprochen (vgl. jedoch auch kritisch: Hauser 2013). So wird verständlich, weshalb Spielzeuge von kleinen Kindern ihrer äußeren Struktur nach betastet, aber auch zerlegt werden. Spielgegenstände sind nicht allein die Spielzeuge, die die Erwachsenenwelt den Kindern reicht, sondern alles, was aus der Sicht des Kindes von Interesse ist. Kinder zerreißen dementsprechend Papier, sie öffnen Schränke und Schubfächer, sie greifen in Blumenerde und zerbröseln diese, sie zerdrücken ihre Speisen mit den Fingern oder sie wickeln Küchenpapier meterlang von der Rolle.

4.3 Als-ob-Spiel – fiktives Nachahmen

Das Informationsspiel überlagert sich zeitlich jedoch deutlich mit einer weiteren Spielform, denn »[a]b etwa der Mitte des 2. Lebensjahres spielen Kinder Alltagssituationen als fiktive Szenen nach« (Einsiedler 1999, S. 75). Kinder tun nun so, »›als ob‹ sie sich schlafen legten, ›als ob‹ sie Essen zubereiteten; später spielen sie Handlungen aus dem weiteren Lebenskreis, etwa ›Auto reparieren‹ oder ›Krankenhaus‹« (ebd.). Sie imitieren darüber hinaus symbolisch

Beobachtetes oder Erfahrenes, in dem sie z. B. springen wie ein Kätzchen, bellen wie ein Hund, krähen wie ein Rabe oder telefonieren wie ihre Eltern (▶ Kap. 2, *play*). Die ›mimetische Aneignung‹ (vgl. Sünkel 2011, S. 78), die oft durch Alltagsbeobachtungen angeregt wird und in solchen Als-ob-Spielen geschieht, ist in der Spielforschung trotz zahlreicher Studien noch immer nicht in ausreichendem Maße empirisch erforscht. Dies könnte vor allem darin gründen, dass diese variantenreichen Spiele oft von Kindern selbst ausgehen und somit kaum in dem Maße im Fokus von Eltern und pädagogischen Fachkräften, aber auch von Forscherinnen und Forschern liegen, wie diese Spiele im Kinderalltag tatsächlich verbreitet sind. Im genannten Als-ob-Spiel mit dem Telefon beziehen Kinder beispielsweise einen Gegenstand, dem fiktiv Funktionen zugeschrieben werden, in die Spielhandlung ein. Als Telefon genügt in der kindlichen Fantasie jedoch ein Baustein, dessen Spielfunktion für Beobachtende nur ersichtlich wird, wenn sie auch das Als-ob-Spiel selbst erkennen und verstehen. Wichtig festzuhalten ist außerdem: »Hier werden Handlungen aus dem alltäglichen Geschehen nicht nur nachgeahmt, sondern häufig auch mit kleinen Veränderungen wiederholt« (Mietzel 2002, S. 157). Diese Variationen erweitern das Spiel und können es zu einer regelrechten Erzählung werden lassen, die das Kind selbst kreiert.

Das Als-ob-Spiel wird in der wissenschaftlichen Literatur z. T. auch als *Fiktionsspiel* und *Symbolspiel* bezeichnet (vgl. Oerter 2008, S. 239), findet sich aber auch unter dem Begriff »Phantasie- und Rollenspiele« (Einsiedler 1999, S. 75; ▶ Kap. 4.5). Es »nimmt über die Jahre der Vorschulzeit zu und sinkt in seiner Häufigkeit dann wieder ab« (Oerter 2008, S. 240). Mehrere Studien wiesen nach, dass das Als-ob-Spiel

> »ein breites Spektrum geistiger Fähigkeiten fördert, z. B. anhaltende Aufmerksamkeit, Gedächtnis, logisches Denken, Sprache, Schreiben und Lesen, Fantasie, Kreativität, Verständnis von Emotionen und die Fähigkeit, das eigene Denken zu reflektieren und den Standpunkt des anderen einzunehmen« (Berk 2011, S. 303).

4.4 Konstruktionsspiele – schaffendes Tätigsein

Im Laufe der kindlichen Entwicklung ergibt sich aus der kindlichen Exploration der Umwelt und dem Als-ob-Spiel zunehmend ein schaffendes Tätigsein. Konstruktionsspiele werden zum Teil auch *Bauspiele* genannt (vgl. Einsiedler 1999, S. 101), wenngleich ebenso Spiele mit formbaren Materialien und in einem erweiterten Sinne durchaus auch das Malen und Zeichnen hier eingeordnet werden können. Der Begriff des *Konstruierens* ist zur Bezeichnung solcher Spielformen präziser, da diese sich nicht allein auf das Herstellen von Bauwerken durch ein Kind beziehen, sondern generell auf einen »Zielgegenstand«, für dessen Konstruktion »das Kind Gegenstände benutzt« (Oerter 2008, S. 239). Zielgegenstände können somit »ein Bauwerk, eine Zeichnung, eine geformte Figur, ein konstruiertes Gerät« sein (ebd.). Konstruktionsspiele benötigen somit auch immer ein Material. Sie zielen darüber hinaus auf »Vergegenständlichung« und »Objektivierung« ab und ermöglichen dem Kind somit, einerseits durch schaffendes Tätigsein ein Produkt herzustellen und andererseits »die Bauprodukte möglichst den realen Gegebenheiten der Umwelt anzupassen« (Einsiedler 1999, S. 103). Das Konstruktionsspiel ist »häufig zwischen dem dritten und sechsten Lebensjahr zu beobachten« (Berk 2011, S. 350).

4.5 Rollenspiele – Interaktionsweisen erproben und Normen aneignen

Das Wort *Rolle* geht zurück auf das lateinische *Rotula* (Rädchen) und ist heute als sozialwissenschaftlicher, aber auch im Alltag geläufiger Begriff »im Kontext des Individuums im Verhältnis zu Anderen, zur Gesellschaft oder zu verschiedenen funktionalen Teilaspekten der Person« zu verstehen (Stadler & Spörrle 2008,

S. 166). Ähnlich wie Als-ob-Spiele bestehen auch Rollenspiele aus fiktiven Handlungen, die nun aber i. d. R. ein gemeinsames Spielen mehrerer Personen erfordern. Daher wird diese Spielform auch als *soziodramatisches Spiel* (vgl. Flitner 1988, S. 158) oder (vor allem in schulpädagogischen Kontexten) als *szenisches Spiel* bezeichnet. Entsprechende Spielgestalten erfordern ein interaktives Zusammenspielen und dabei die Übernahme bestimmter Rollen durch einzelne Kinder, die über Kenntnisse der gesellschaftlich normierten Merkmale der von ihnen eingenommenen Rollen verfügen müssen, um diese überhaupt ›spielen‹ zu können. Kennzeichnend für Rollenspiele sind häufig das Unterordnen der Kinder unter das Gesamtziel der Spielhandlung, das Einordnen in die Gruppenhandlung mitsamt ihrer Dynamik und unter Umständen auch das Aushalten von Interessenunterschieden. Rollenspiele sind anspruchsvoll und dementsprechend benötigen Kinder in dieser Spielform »höhere soziale und kognitive Kompetenzen« (Oerter 2008, S. 239). Eine hohe Bedeutung haben dabei die sprachlichen Fähigkeiten. Wenn Kinder Rollenspiele inszenieren, bauen sie »eine erste Distanz zu sich selbst« auf (Andresen 2002, S. 73). Dabei ist charakteristisch, dass Kinder

> »mit den für das Spiel erzeugten Umdeutungen neue, eigene Bedeutungen schaffen, dass dieses ein gemeinsamer, da interaktiver, Prozess ist und dass Sprache ein wesentliches Mittel zur Erzeugung der neuen Bedeutungen und des Kontextes Spiel bildet« (ebd.).

4.6 Regelspiele – Tätigsein in vorgefundenen Handlungsrahmen

Regelspiele sind schließlich die wohl populärste Form der Spiele von Menschen und neben den Rollenspielen auch im Erwachsenenalter in unterschiedlichen Kulturen weltweit verbreitet (vgl. ebd., S. 243). Regelspiele haben teilweise »einen eigenständigen

4.6 Regelspiele – Tätigsein in vorgefundenen Handlungsrahmen

kulturellen Charakter, der von Bräuchen, Traditionen usw. bestimmt ist« (Einsiedler 1999, S. 122). Unter diese Spielform fallen alle Wettkampfsportarten, die einem bestimmten Reglement bzw. Planablauf folgen, innerhalb dessen ein Handlungsspielraum vorgegeben wird. Die Regeln der Spiele sind zwar durchaus variabel, müssen jedoch, damit ein Regelspiel als solches überhaupt stattfinden kann, allen Mitspielerinnen und Mitspielern bekannt und von ihnen anerkannt sein. Ist dies nicht der Fall, kann dies für Unterbrechungen des Regelspiels sorgen, etwa weil jemand ›falsch‹ spielt und damit den Spielfluss stört. In diesem Sinne spielen Kinder bereits in der frühen Kindheit etwa Fangspiele, Seilhüpfen oder Versteckspiele nach den jeweiligen Regeln, »deren Einhaltung unabdingbar ist und die zugleich den Reiz des Spiels ausmachen« (Oerter 2008, S. 239). Darüber hinaus erfordern die meisten Regelspiele neben bestimmten Kenntnissen auch Fertigkeiten bzw. Techniken (vgl. Einsiedler 1999, S. 124), ohne die eine den Regeln entsprechende Spielteilnahme ebenfalls nur schwer möglich ist.

Abschließend bleibt anzumerken: Die kindliche Spielentwicklung ist kein bloßer Reifungsprozess genetisch angelegter Dispositionen, sondern ein Prozess des lernenden und eben zugleich spielenden Austauschs des Kindes mit seiner Umwelt und mit den in ihr vorgefundenen Spielbedingungen. Wie schon deutlich gemacht wurde, entwickelt sich Spielen nicht nur spontan, sondern wird in seiner situativen und auch gewohnheitsmäßigen Entstehung durch kulturelle Einflüsse von Personen und Dingen beeinflusst. Das subjektive Gefüge dessen, was Kinder sich bereits angeeignet haben, wird somit durch personale und materielle Strukturen im Aneignungsprozess durch das Kind erweitert (vgl. Sünkel 2011) – und damit erweitern sich wiederum seine künftigen Handlungsmöglichkeiten. Aus diesem Umstand ergibt sich, dass pädagogisches Handeln die Entwicklung des kindlichen Spielens ebenso unterstützen kann wie auch das Zur-Verfügung-Stellen bestimmter Dinge bzw. Spielmittel, die auf das Kind einwirken.

Die oben beschriebenen Spielformen sind allerdings eher selten ›in Reinform‹ beobachtbar, sondern vermengen sich vielmehr miteinander: »So besteht z. B. ein eindeutiges Kontinuum zwischen dem spielerischen Manipulieren mit Klötzen (klopfen, fallenlassen), einer einfachen Reihenbildung damit und dem Aufstellen länglicher Klötze zu vier Wänden eines ›Zimmers‹« (ebd., S. 101). Auch ein Bauspiel kann unmittelbar in ein Als-Ob-Spiel übergehen, wenn Kinder während des Konstruierens mit den Bausteinen diese symbolisch als Vogel oder Automobil verwenden. Ein Rollenspiel ist zudem fast immer auch ein Als-Ob-Spiel, da ein Kind beim Einnehmen einer Rolle im Spiel meist das Verhalten anderer Menschen oder Tiere nachahmt und dazu auch Gegenstände benutzt, deren Funktionen je nach Spielsituation verändert werden. Sogar ein Konstruktionsspiel und ein Regelspiel können sich vermischen, wenn etwa nach vorgegebenen Regeln gebaut wird. Da alle beobachtbaren Spiele von den Entscheidungen, der spontanen Lust und den Wünschen des sie spielenden Kindes abhängen, lassen sie sich in ihren Formen nicht erzwingen, sondern weisen eine starke Dynamik der Eigensteuerung durch die spielenden Subjekte auf. Diese Dynamik zwischen den Spielformen als ein pädagogisch relevantes Merkmal des Kinderspiels vorauszusetzen, bedeutet jedoch keineswegs, dass Eltern und pädagogische Fachkräfte nicht auch in gewisser Form auf das Spiel einwirken können (▶ Kap. 10).

5

Wie werden Dinge zu Spielzeug?

Bereits unsere Alltagserfahrung zeigt, dass insbesondere kleine Kinder nicht nur mit Spielzeug spielen, sondern mit vielerlei für sie interessanten Dingen. Bisweilen führt dies dazu, dass wir als Erwachsene ihnen Messer, Spültabs, Fernbedienungen oder teure Erbstücke wie etwa Blumenvasen entreißen, um Sach- oder Personenschaden zu vermeiden. Dass Gegenstände, die für uns Erwachsene nicht als Spielzeug taugen, dennoch von Kindern als solches verwendet werden, hat seinen Grund in der Spontaneität von Kindern (vgl. Sünkel 2011, S. 100), aber auch in den Gegenständen selbst, die bestimmte Spiele mit ihnen ermöglichen. Obwohl es inzwischen eine pädagogische Kinder- bzw. Kindheitsforschung gibt, die Kinder selbst in Interviews und Gruppendiskussionen zu Wort kommen lässt und z. T. auch in weitere Schritte des Forschungsprozesses einbindet (vgl. Schultheis & Hiebl 2016), ist die Frage danach, wie Dinge für Kinder zu Spielzeug werden, bislang nur von einigen wenigen Wissenschaftlerinnen und Wissenschaftlern diskutiert worden. Einer von ihnen war Martinus Jan Langeveld (1905–1989), der in seinem Aufsatz »Das Ding in der Welt des Kindes« (Langeveld 1968) phänomenologisch beschrieben hat, welche verschiedenen Spielformen Kinder mit einem überraschend einfachen Alltagsgegenstand ausüben können: dem Pantoffel. Bevor wir uns diesem Pantoffel widmen, sei zunächst jedoch kurz umrissen, was *phänomenologisch* als Forschungsansatz überhaupt bedeutet.

5.1 Phänomenologie

Wörtlich lässt sich Phänomenologie – *phainomenon* (φαινόμενον), *lógos* (λόγος) – als ›Lehre von den Erscheinungen‹ übersetzen. Was wir täglich in unserer Lebenswelt beobachten, worüber wir lesen und sprechen können, bildet aus phänomenologischer Sicht zunächst einmal Erscheinungen. Das Problem ist jedoch, dass Erscheinungen vielfältig sind und von Menschen nicht selten recht unterschiedlich wahrgenommen werden. Das bestimmten Erscheinungen zugrunde liegende Phänomen muss daher oft erst herausgearbeitet werden, um eine konkrete Sache erkennen zu können – und eben dies hat sich die Phänomenologie zur Aufgabe gemacht.

Um ein einfaches Beispiel zu geben: Wir alle kennen Erscheinungen wie Fieber, Schmerzen oder Ausschlag. Die meisten von uns wissen sogar, wie sich das anfühlt. Doch alle drei Krankheitserscheinungen sind nur Symptome. Das sich dahinter verbergende Phänomen ist in der Regel eine Krankheit, die als Sache erforscht wird. Obwohl sie als philosophische Schule aus dem Kontext der Geisteswissenschaften stammt und nicht wie die Medizin aus den Naturwissenschaften, hat die Phänomenologie einen ganz ähnlichen Ansatz: Ihre oberste Maxime lautet in Bezug auf alle Erscheinungen, dass sie »zu den Sachen selbst« gelangen will (Danner 2006, S. 132). Dies geschieht u. a. durch die Beschreibung der Erscheinungsweisen eines Untersuchungsgegenstandes (metaphorisch wird dies u. a. als ein ›Beleuchten von mehreren Seiten‹ umschrieben) und durch das Freimachen bzw. Einklammern von Vorurteilen (bestimmte Theorien, Begriffe etc.). Der Phänomenologe Wilfried Lippitz hat zu der von ihm vorgeschlagenen Forschungsvariante einer exemplarischen Deskription ausgeführt, dass beim Rekonstruieren eines Phänomens durch die Forscherin bzw. den Forscher »reflexive ›Zugriffe‹ auf Erfahrungsvollzüge« stattfinden, »in denen eine bestimmte Struktur bzw. ein bestimmter Sinn plastisch vor Augen tritt« (Lippitz 1984, S. 14). Dabei stellt man bewusst seine eigenen Erfahrungsvollzüge und damit auch unweigerlich die eigene Subjektivität ins Zentrum der Untersuchung. Im Grunde bedarf Phänomenologie aufseiten einer Forscherin bzw. eines Forschers möglichst vielfältiger Erfahrungen in der Lebenswelt – und dazu auch noch einer gehörigen Portion Geduld und Selbstkritik.

5.2 Langevelds Pantoffel

Martinus Jan Langeveld hat in einem Aufsatz mit solchen Vorstellungen bestimmter Erfahrungen gearbeitet, um zu zeigen, welche verschiedenen Be-Deutungen einem Pantoffel aus der Sicht eines Kindes zukommen können. Er stellte zunächst fest, dass Kinder noch keine erwachsenen Vorstellungen von den Dingen haben (vgl. Langeveld 1968, S. 142). Dies bedeutet etwa: Ein Stuhl ist für ein Kind noch kein Stuhl, nur weil wir Erwachsene ihn so nennen und eine bestimmte Funktion mit ihm verbinden. Das Kind kenne »die Dinge und die Welt nicht, was aber nicht besagt, daß es ihnen fremd gegenüber stände. […] Niemand kann so ahnungslos in die

5 Wie werden Dinge zu Spielzeug?

Welt hineinirren wie ein Kind«, doch »bald schon fängt es an, in die Welt einzugreifen und sie zu deuten« (ebd., S. 142 f.). Um die Deutungen eines Dinges aus der Sicht des Kindes aufzuzeigen, wählt Langeveld nun den Pantoffel als Beispiel:

»[W]as kann er alles sein: Er kann ein Pantoffel sein, er kann auch ein haariges Etwas sein, auf dem man sabbern kann. Im ersten Falle ist er ein einfacher *Gebrauchsgegenstand*, im zweiten ein *rein Sensuelles-für-mich*. Das Kind kann den Pantoffel auch dazu verwenden, einen Nagel einzuschlagen. Jetzt ist der Pantoffel nicht er selbst als Gebrauchsgegenstand, sondern er ist gebrauchter Gegenstand: gewisse objektive Sacheigenschaften – hier der harte Absatz – sind ausgewählt und werden wieder sachgerichtet und sachgerecht angewandt. Er ist deshalb gebrauchter Gegenstand, aber kein Gebrauchsgegenstand, dessen *sämtliche* Eigenschaften auf einen bestimmten Gestimmten Gebrauch hin geordnet sind, den Gebrauch *als* Pantoffel in diesem Falle. Aber das Kind kann auch eine Sacheigenschaft des Pantoffels auswählen, die nun nicht *sach*gerichtet ihre Verwendung findet: der Pantoffel wird z. B. als kleine Puppenwiege benützt. In diesem Falle bleibt der zur Wiege umgedichtete Pantoffel in dem Weltentwurf des Spieles gedeutet und nicht – wie der als Hammer benützte Pantoffel – in den offenen Weltentwurf aufgenommen und als Werkzeug sachgerichtet gehandhabt. Nun kann der Pantoffel sich aber auch verlieren in dem Hintergrunde, vor dem sich die Aktualität des Lebens abspielt. Wird er dort ›verzeichnet‹, dann ist er ›nur da‹ und ist fast ein außerweltliches Ding: er gehört keiner Aktualdeutung des Lebens dieses bestimmten Kindes an. Aus weiter Distanz auch kommt der Pantoffel heran, wenn er als *malerisches Objekt* hingestellt und betrachtet oder gezeichnet wird. Von weit her kommt dieser Pantoffel auch, wenn wir von ihm erfahren, daß er als solcher Gegenstand so-und-so hergestellt wird. Und dann gibt es den Pantoffel als *Erinnerungszeichen des Geliebten*, des kleinen Kindes, des verstorbenen Brüderleins. Oder – und wieder erscheint uns der Pantoffel in anderem Zusammenhang – es ist der Pantoffel des Vaters, und das Kind erkennt daran die Zusammengehörigkeit. Dieser Pantoffel ist ein ›*Vater-Anzeichen*‹, und das Kind sagt bei seinem Anblick ganz entschieden *nicht* ›Pantoffel‹, sondern ›Vati, Vati‹, als wäre der Pantoffel ein *Pars pro toto*. Was ein Pantoffel nicht alles sein kann! Er kann sogar noch weit mehr bedeuten« (ebd., S. 145).

Dem Pantoffel können in der Weltwahrnehmung eines Kindes somit mindestens sieben verschiedene Bedeutungen zukommen, ne-

5.2 Langevelds Pantoffel

ben der des einfachen Gebrauchsgegenstands (1) auch die spielenden: die sensuelle Erfahrung (2), der gebrauchte Gegenstand (3), der Als-Ob-Gegenstand (4), das malerische Objekt oder etwas Erzähltes (5), das Zeichen der Erinnerung an Personen (6) sowie das Zeichen der Zugehörigkeit zu Personen (7). Wie Kinder mit Dingen spielen, hängt somit vom Gegenstand und seinen Verwendungsmöglichkeiten im Spiel, von den biografischen Erfahrungen und vor allem von den spontanen Affekten der Kinder selbst ab. Dies bedeutet jedoch auch, dass spielpädagogische Handlungskonzepte, die etwa von Erzieherinnen und Erziehern verfolgt werden (vgl. etwa das von Fröbel, ▶ Kap. 3), immer vor dem Problem stehen, dass ein kindliches Spielen nur dann initiiert werden kann, wenn das Kind auch dafür bereit ist, sich subjektiv auf ein entsprechendes Spielangebot einzulassen. Spielen lässt sich nicht erzwingen. Wenn ein Spielen stattfinden soll, müssen Spielangebote zur situativen Weltwahrnehmung kleiner Kinder passen.

Nun ließe sich einwenden, dass diese Spielvarianten zwar durchaus plausibel erscheinen, sie jedoch auch nur von einem Erwachsenen – dem Phänomenologen Langeveld – konstruiert wurden. Seine Erkenntnisse lassen sich auch noch durch die jüngere empirische Kindheitsforschung stützen, in der Kinder selbst zu Wort kommen und ihre Perspektiven kundtun. Ein empirisches Praxisforschungsprojekt aus dem Team der Erziehungswissenschaftlerin Iris Nentwig-Gesemann etwa zeigte, dass Kinder »vielfältiges und anregendes Zeug zum Spielen« mögen, darunter etwa »Alltags- und Gebrauchsgegenstände, Naturmaterialien, Spielzeug, Fundstücke jeder Art« (Nentwig-Gesemann et al. 2019, S. 15). Genutzt wurden diese »für gemeinsame Bewegungs-, Bau-, Fantasie- und Rollenspiele« (ebd.).

Dass die Wahrnehmung solcher Gegenstände für unsere eigene Kindheit bedeutsam ist, zeigt auch ein kürzlich erschienenes Buch über ›Gegenstände unserer Kindheit‹, in dem Wissenschaftlerinnen und Wissenschaftler aus der Philosophie, der Erziehungswissenschaft, der Kunsttheorie, der Medientheorie, der Kulturwissenschaft und der Philologie ihre Kindheitserinnerungen an bestimmte Gegenstände thematisiert und analysiert haben (vgl. Mühleis & Sternagel 2019). Dabei wurden unter anderem materielle Objekte in ihrer spielenden Verwendung beschrieben – so etwa der Roller der prominenten Phänomenologin Käte Meyer-Drawe, dessen Beherrschung und Geschwindigkeit ihr nicht nur durch Bilder erinnerlich sind, sondern die regelrecht in ihr Verhaltensensemble eingeschrieben sind. Die verschiedenen Beiträge des Buches zeigen aber auch, dass zwischen materiellen und immateriellen Gegenständen, also zwischen einerseits tatsächlich greifbaren Kulturobjekten und andererseits Gegenständen, die wir uns gedanklich vor Augen führen, unterschieden werden muss. Diese Differenz von Spielgegenständen ist außerordentlich bedeutsam, sind es doch letztere, die sich tatsächlich als Wissen und Können in das Kind einschreiben bzw. als Gedanken von diesem zu eigen gemacht werden, während erstere – also die materiellen Gegenstände – nicht selten erst den Anlass bilden, sich bestimmte gedankliche Gegenstände zu erschließen. Solche Gedanken können im Spiel schlussendlich wiederum dafür sorgen, dass Kinder selbst neue materielle Gegenstände – ausgehend von ihren immateriellen gegenständlichen Vorstellungen – schaffen. Dies sind Momente, die sich insbesondere im freien Konstruktionsspiel von Kindern beobachten lassen (▶ Kap. 4).

5.3 Arrangieren als pädagogische Handlungsform der Auswahl von Spielmitteln

Die verschiedenen als Spielmittel nutzbaren Dinge in der Lebenswelt von Kindern verweisen aber nicht nur auf die individuellen Spielvarianten, die Kinder selbst wählen, sondern auch auf Handlungsoptionen für pädagogische Fachkräfte und Eltern. Hierbei wird von einer pädagogischen Handlungsform gesprochen, die

5.3 Arrangieren als pädagogische Handlungsform der Auswahl von Spielmitteln

sich als *Arrangieren* bezeichnen lässt (vgl. Prange & Strobel-Eisele 2015). Sie wird als Handlungsform in pädagogischen Kontexten erstaunlicherweise gar nicht so häufig bedacht, da unter Pädagogik nicht selten ein unmittelbares Beisammensein und ein direktes Interagieren zwischen Erwachsenen und Kindern verstanden wird. Erwachsene haben durch das Arrangieren von Spielumgebungen allerdings die Möglichkeit, über den Einsatz oder den Ausschluss bestimmter Gegenstände im Kinderspiel zu entscheiden. Wenn sie ein Material wie z. B. Spielzeug aussortieren, weil sie die darin enthaltenen Vorstellungen für nicht aneignungswürdig halten (z. B. im Fall von Spielzeugwaffen), könnten sie – zumindest für den Moment – Spiel- und Lernsituationen verhindern. Im Umkehrschluss kann aber auch das bewusste Auswählen und Zur-Verfügung-Stellen bestimmter Spielmittel einen von Erwachsenen intendierten Lernprozess beim Kind anstoßen bzw. unterstützen, ganz ohne dass ein Kind dies als Einwirkung auf sein Tun bemerkt. Das Arrangieren bietet Erwachsenen somit eine gewisse *vorbereitende Kontrolle*, kann aber im tatsächlichen Aneignungsmoment selbstverständlich auch scheitern oder gänzlich andere Wege als die geplanten nehmen. Ein Kind könnte selbst mit einer Spielzeugwaffe auch etwas anderes spielen als Krieg.

Wichtig ist außerdem festzuhalten, dass Dinge für Kinder sogar zu ›selbstlehrenden‹ Gegenständen werden können, dass also durch den Umgang eines Kindes mit ihnen bestimmte Vorstellungen erschlossen werden können, »ohne dass eine zusätzliche Vermittlungstätigkeit erforderlich wird« (Sünkel 2011, S. 59; vgl. Sauerbrey 2018b). Insbesondere Fröbels Spielgaben gelten daher in der Erziehungstheorie heute als Paradebeispiele für *objektivierte Vermittlungs- und Aneignungsinhalte* (vgl. Sünkel 2011, S. 58 f.). Dies bedeutet, dass in solchen Spielmitteln das zu Lernende bzw. Erlernbare bereits in der Beschaffenheit des Materials enthalten und somit quasi *intentional eingeschrieben* ist (vgl. ebd.). Eine solche Situation selbstlehrender Gegenstände finden wir im Übrigen nicht nur beim Umgang mit Konstruktionsspielen. Sie ist auch bei komplexen elektronischen Spielen möglich (▶ Kap. 9).

6

Spielorte in der Wohnung

Kinder spielen manchmal ganz (wo-)anders, als wir Erwachsene es uns wünschen. Das weiter oben bereits erwähnte Praxisforschungsprojekt um Iris Nentwig-Gesemann konnte aus der Perspektive von Kindern zeigen, dass diese nicht nur Dinge, sondern auch »Orte [...] für etwas anderes [...] nutzen als für das, was ›funktional‹ oder normativ vorgesehen ist« (Nentwig-Gesemann et al. 2019, S. 15). Die Psychologin und Kindheitsforscherin Martha Muchow (1892–1933) hat dies vor fast einem Jahrhundert bereits auf Basis von Beobachtungen und Feldnotizen zum Kinderspiel festgehalten (vgl. Muchow & Muchow 2012). Sie zeigte dabei, dass es nicht nur Räume gibt, in denen ein Kind lebt, sondern auch Räume, die »das Kind lebt« (ebd., S. 106; ▶ Kap. 7.2). Es ist anzunehmen, dass diese Feststellung nicht nur für die Krippe und den Kindergarten oder für das kindliche Spielen im Freien gilt, sondern auch für die häusliche Wohnumwelt der Kinder. Die frühpädagogische Forschung hat ihr Interesse bislang allerdings vorrangig auf das Geschehen in Kindertageseinrichtungen gerichtet, obgleich auch die Familie als Lebenswelt für Kinder hoch relevant ist (vgl. Müller 2013). Sie wird jedoch als solche meist entweder eher randständig behandelt oder vielmehr als Risikofaktor für die kindliche Entwicklung thematisiert (vgl. dazu kritisch: Winkler 2012).

Mit Blick auf die Kapitelüberschrift ›Spielorte in der Wohnung‹ formt sich eventuell rasch der Gedanke ans Spiel im Kinderzimmer. Als eigener Raum für Kinder entstand das Kinderzimmer jedoch erst im 18. Jahrhundert, um sich dann im 19. Jahrhunderts zunächst vor allem im Bürgertum als Teil der Wohnung zunehmend durchzusetzen. Erst im 20. Jahrhundert wurde es in industrialisierten Ländern zunehmend üblich, dass Wohnungen ein Kinderzimmer haben, und seitdem ist seine materielle Einrichtung mit bestimmten Kindheitsvorstellungen verbunden (vgl. Buchner-Fuhs 1998). Doch auch innerhalb des 20. Jahrhunderts fanden weitere Veränderungen von Kinderzimmern statt – sie sind »heute – anders als in den 50er und 60er Jahren – keine sterilen, unbeheizten Schlafstatten mehr, sondern in der Regel wohnlich eingerichtete Räume. Sie enthalten meistens eine Fülle an Spiel- und Unterhaltungsmedien« (Fölling-Albers & Hopf 1995, S. 41).

Wichtig anzumerken ist jedoch auch, dass das Kinderzimmer keineswegs den einzigen Ort des häuslichen Kinderspiels bildet – und dies gilt insbesondere in der frühen Kindheit. In Wohnungen finden sich daher verschiedene pädagogisch relevante (Lern-)Orte (vgl. Meuth 2017), und auch, wenn uns hier noch ein ausreichendes Maß an Forschung fehlt: Möglicherweise wird kaum eine räumliche Nutzung so stark von kleinen Kindern selbst mitbestimmt wie die Nutzung von Spielorten in der familialen Wohnung.

6 Spielorte in der Wohnung

6.1 Was wir alles nicht wissen

Die Frage, welche Orte in der Wohnung ein Kind selbst sich zum Spielen wählt, wurde bislang kaum empirisch untersucht. Für die frühpädagogische Forschung bildet die so genannte ›häusliche Lernumwelt‹ zwar einen einschlägigen Forschungsgegenstand. Der Fokus liegt dabei jedoch vor allem auf einer Erfassung (und möglichst optimalen Gestaltung) z. B. schriftsprachlicher und mathematischer Lernumgebungen, wie sie Eltern durch lernanregende Tätigkeiten wie Vorlesen auf dem Sofa oder vor dem Zu-Bett-Gehen oder durch das Spielen von Brettspielen mit ihren Kindern gewährleisten (vgl. etwa: Lehrl 2013). Der tatsächlichen kindlichen Nutzung von Spielorten in der Wohnung ist zuletzt ein DFG-Projekt von Hans-Rüdiger Müller und Dominik Krinninger (2016) auf die Spur gekommen. Mittels eines ethnografischen Forschungsansatzes wurden dabei drei zentrale häusliche Alltagssituationen untersucht, die »in allen Familien als (mehr oder weniger) alltägliche Praktiken relevant sind« – dies waren: »die Mahlzeiten, das Spielen und das Fernsehen« (ebd., S. 17). Die Orte der Mahlzeiten und des Fernsehens waren durch Eltern in aller Regel bereits vorgegeben. Bei den Situationen des Spielens jedoch variierten die gewählten Orte. In der Familie Antonow[6] etwa wurde deutlich, dass der zehn Monate alte Sohn Aaron im unteren Bereich des Hauses, der zugleich »Aufenthaltsort, sowie Arbeits- und Spielbereich für alle Familienmitglieder« war, Spielsituationen und -orte selbst schuf: »Mal breitet Aaron dort seine Spielsachen aus, mal wird gebügelt oder die Wäsche trocknet an einem Wäscheständer« (ebd., S. 56). Die Bedingungen für die Wahl dieses Spielorts bildeten im Falle der Familie Antonow vor allem beengte Wohnverhältnisse und »eine sich daraus ergebende Überlagerung unterschiedlicher

---

6 Die Namen wurden im Forschungsprojekt aus Datenschutzgründen pseudonymisiert.

Bedürfnisse und Funktionen [...], die miteinander koordiniert werden« mussten (ebd.). Dieser Einblick aus dem Forschungsprojekt – quasi ein Nebenbefund – könnte bedeuten, dass Kinder bei der Wahl ihrer Spielorte im häuslichen Wohnumfeld pragmatisch agieren. Näheres hierzu ist jedoch bislang kaum bekannt.

6.2 Ein Beispiel

Im Anschluss u. a. an die Ergebnisse aus dieser Untersuchung habe ich im Jahr 2017 in einem Lehrforschungsprojekt an der Otto-Friedrich-Universität Bamberg eine explorative Studie unter dem Arbeitstitel ›Situationen und Orte des Zeigens und Lernens im häuslich-privaten Wohnumfeld‹ durchgeführt. Das übergeordnete und eigentliche Ziel war es herauszufinden, in welchen Situationen und an welchen Orten in der Wohnung Zeige- und Lernakte zwischen Eltern und Kindern stattfinden, um einem möglicherweise oftmals übersehenen pädagogischen Alltag in Familien näherzukommen, der sich vom eher formalisierten und institutionalisierten Lernen in der Schule, aber auch in Krippe und Kindergarten unterscheidet (vgl. Winkler 2012). Durch den Fokus auf Artikulation und Koordination sollte außerdem rekonstruiert werden, durch welche Akteurinnen und Akteure (Kind bzw. Kinder, Eltern, weitere Personen im Haushalt) die Situationen, die regelmäßig stattfinden (Rituale, Spiele etc.), primär gewählt wurden, wie diese entstanden und welche Orte in der Wohnung dabei genutzt wurden. Um diese Fragen zu klären, habe ich Interviews mit Eltern von Kindern im Alter unter sieben Jahren geführt, darunter auch ein Interview mit einer alleinerziehenden Mutter eines kleinen Mädchens. Die Mutter war zum Zeitpunkt des Interviews 24 Jahre alt, die Tochter zwei Jahre und fünf Monate. Zur Bedingung für die Aufnahme einer Familie in das Untersuchungssample wurde festgesetzt, dass das Kind das Erstgeborene in der Familie sein musste, dass es zum Zeitpunkt der Erhebung mindestens ein Jahr alt und nicht älter als drei Jahre sein sollte und dass noch keine Geschwisterkinder geboren worden waren. Hierdurch sollte es möglich werden, dass die Erinnerungen der interviewten Eltern an die Inanspruchnahme von Spielorten in der Wohnung durch die Kinder nicht bereits ›verblasst‹ waren. Zudem sollten sich die Eltern möglichst noch an die Raumgestaltung vor der Niederkunft des ersten Kindes erinnern können, um die Veränderung der häuslichen Umgebung durch das Kind rekonstruieren zu können. Das Interview mit der Mutter fand im Juli 2017 statt, wurde im Anschluss transkribiert und inhaltsanalytisch ausgewertet. Die Wohnung der Familie war als Apartment angelegt und ca. 35 Quadratmeter groß. Zuvor hatte die junge Frau mit ihrer Tochter bei ihrer Mutter in einer eher geräumigen Drei-Raum-Wohnung gewohnt. Die Tochter besuchte zum Zeitpunkt des Interviews seit ca. einem Jahr die Krippe. Das Interview begann mit einer Frage zum Zeitpunkt des Laufenlernens und den dabei vom Kind genutzten Orten in der Wohnung. In der Auswertung zeigte sich dabei die Schrankwand im Wohnzimmer als zentraler Ort:

> »Und, ähm, meine Tochter hat mit laufen begonnen, da war sie 1 Jahr und 2 Wochen, das weiß ich noch ganz genau, weil ich mir das aufgeschrieben habe und ähm. (Pause) Welcher Raum war das? (Pause) Wohnzimmer muss das gewesen sein, weil meine Mutter hat da so eine Schrankwand stehen, die genauso auf Brusthöhe vom Kind war, also, meine Tochter hat sich da immer so abgestützt und von da aus muss sie dann irgendwann gelaufen sein« (I_R7, Z. 165-173).

Hier zeigt sich, was viele Eltern kleiner Kinder kennen: In der Explorationsphase des Kindes werden Möbel genutzt, um sich aufzurichten, sicher fortzubewegen und so den eigenen Bewegungsradius zu erweitern.

In der kurz danach bezogenen Apartmentwohnung orientierte sich das Kind vorrangig an den Aufenthaltsorten und Tätigkeiten der Mutter. So spielte sie etwa diese Tätigkeiten nachahmend in der Küche oder auch am Schreibtisch mit Papier oder auf dem

6.2 Ein Beispiel

Computer nach (vgl. I_R7, Z. 196-216, 262-265). Darüber hinaus wurde bei der Einrichtung der Apartmentwohnung eher spontan ein Ort als Spielecke für das Kind geschaffen:

»[...] also das war schon ziemlich am Anfang, als ich die Wohnung eingeräumt habe, also unsere Sachen an Ort und Stelle, also man muss da immer so seine Ordnung finden und dann war es eigentlich so, also das ist direkt neben meinem Bett so ein Regal und, ähm (Pause) da ist es ziemlich offen zum Raum hin und in der Mitte des Raums auch ungefähr, also dass äh (Pause), ja, also zentral gelegen. Und, ähm, ja, das war eigentlich so (Pause), dass ich zuerst die anderen so Sachen platziert habe, zum Beispiel so gefährlichere Sachen wie Mikrowelle oder so und dann habe ich gedacht, das ist ziemlich nah am Boden, da kommt sie überall dran an alle Fächer und dann haben wir da einige Bücher und so kleine Bausteine, die sie hatte, eingeräumt und ja« (I_R7, Z. 388-394).

Dieser Spielort hatte sich im darauffolgenden Jahr verstetigt und bildete einen regelmäßigen Anlaufpunkt für das Kind, wenngleich die Mutter die Spielgegenstände und Kindermedien regelmäßig variierte:

»Also, so ein paar Bücher immer, also ich wechsele die immer ein bisschen aus. Das sind, dass da, dass die interessant bleiben. Dann stehen da Holzbausteine und dann so eine Kiste mit so Alltagsgegenständen. Also ich habe, wir haben nicht so viel Spielzeug, weil, nicht weil wir, also weil ich das nicht will, dass sie halt so viel (Pause) gemachtes Spielzeug, also vorgefertigtes Spielzeug schon hat und auch nicht so elektronisches Spielzeug oder so, sondern sie hat in dem, also in der Kiste, wo die Alltagsgegenstände sind, sind so kleine auch Tierchen drin, das ist zwar schon Spielzeug, aber auch so kleine Gläser, so Schraubgläser, ähm, in allen Größen und, ähm, Dosen und dann noch so eine Schlange aus Deckeln, aus Flaschendeckeln von einem Ü-Ei, das ich selber gemacht habe (Pause) und eine Rassel auch aus einem Ü-Ei und noch einem größeren Gefäß, also Schraubgefäß. Genau (Pause) Was ist da noch drin? [fragt sich laut selbst] (Pause) Genau, da sind noch Löffel und so kleine Becherchen drin zum Kochen, ja (I_R7, Z. 402-413).

Von diesem Anlaufpunkt in der Wohnung aus wurden die entsprechenden Spielgegenstände vom Kind jedoch in der gesamten Wohnung verteilt und genutzt (vgl. I_R7, Z. 414 ff.). Das Interview gibt einen exemplarischen Einblick in die von Kindern selbst gewählten Spielorte in der Wohnung, die sich an der Nähe zu Bezugspersonen, aber auch an der Nähe zu Aufbewahrungsorten von Spielgegenständen ausrichten.

Es muss aber auch festgehalten werden, dass wir in der Forschung über Spielorte in der Wohnung insgesamt noch sehr wenig wissen. Insofern muss dieses Themenfeld als ein noch weitgehend offenes Forschungsgebiet gelten, das durch weitere Studien bereichert werden kann, in denen neben Eltern auch Kinder befragt bzw. interviewt und in denen familiale Wohnkontexte beobachtet werden.

7

Spielorte im Freien

Weitaus besser als die häuslichen Spielorte sind Spielorte im Freien untersucht, wenngleich sich diese durch die Fortentwicklung der menschlichen Kulturgeschichte weiterhin im Wandel befinden. Parallel zu den Spielorten verändern sich aber auch die Bedingungen des Aufwachsens in der Kindheit – und zwar inzwischen von Generation zu Generation. Mit Blick auf das 20. Jahrhundert und die in diesem Zeitraum deutlich verstärkte Urbanisierung in Deutschland waren in der Forschung wiederholt Thesen von der ›Vereinsamung‹ (vgl. Zeiher 1983) und der ›Verhäuslichung‹ (vgl. Behnken & Zinnecker 1987) von Kindheit diskutiert worden – gefolgt von Debatten über eine ›Terminkindheit‹ und eine ›Vereinskindheit‹, von denen etwa seit den 1990er Jahren gesprochen wurde (vgl. Fuhs

2002). Seit der Jahrtausendwende bis in die Gegenwart hinein wurde der Fokus schließlich besonders auf die ›Konsum- und Medienkindheit‹ gerichtet (vgl. Fölling-Albers 2001).

All diese Zuschreibungen weisen eine gewisse vereinseitigende empirische Basis auf (allerdings mit Unterschieden zwischen städtischen und ländlichen Lebensräumen) und wurden dementsprechend auch kritisch beleuchtet (vgl. Brand & Fuhs 2013). Sie zeigen jedoch, dass Kindheit meist im Kontext von Räumen, Orten und/oder Dingen gedeutet wird. Allerdings sind längst nicht alle Orte, an denen Kinder aufwachsen und spielen, Erwachsenen bekannt oder bewusst. Selbst in der frühen Kindheit suchen sich Kinder bereits ›geheime‹ bzw. ›versteckte‹ Orte (vgl. Perren et al. 2018), an denen sie soziales Verhalten und Hierarchien ohne die Kontrolle durch Erwachsene spielend einüben. Auch hier wissen wir somit manches nicht allzu genau. Zu den Spielorten im Freien soll auf Basis des verfügbaren Wissens gleichwohl ein Einblick gegeben werden.

7.1 Ausgewiesene Spielorte und Spielplätze

Öffentliche Spielplätze wurden mit Blick auf die deutschsprachige sozialwissenschaftliche Literatur bislang erstaunlicherweise wenig empirisch erforscht (vgl. Hünersdorf 2015). Dies gilt erst recht für die Spielweisen von Kindern auf öffentlichen Spielplätzen. Aus Studien zu den Aktionsräumen von Kindern ergeben sich jedoch verschiedene Hinweise auf Spielorte im Freien, die eigens für Kinder eingerichtet werden.[7]

---

7 Die zwar bloß auf eine Stadt beschränkte, aber noch immer als Prototyp geltende Untersuchung zu diesem Thema ist die Freiburger Kinderstudie, die am Beginn der 1990er Jahre Aktionsräume von Kindern untersucht hat (vgl. Blinkert 1993).

7.1 Ausgewiesene Spielorte und Spielplätze

Bei den Spielorten im Freien empirisch genauer hinzusehen, lohnt sich vor allem hinsichtlich der frühen Kindheit. Zwar liegen gleich mehrere groß angelegte Studien zum Freizeitverhalten von Kindern vor; der Großteil dieser Untersuchungen blickt aber auf die mittlere und späte Kindheit, also auf das Alter ab sechs/sieben Jahren (vgl. etwa: Hahn et al. 2020). Unter den für die frühe Kindheit relevanten Untersuchungen finden sich die Studie von Fölling-Albers und Hopf (1995) sowie die mini-KIM-Studie aus dem Jahr 2014 (vgl. MPFS 2015). In der mini-KIM-Studie wurden 623 der so genannten ›Haupterzieher‹ – in der Regel ein Elternteil – von zwei- bis fünfjährigen Kindern nach der kindlichen Perspektive auf die Mediennutzung befragt. Die repräsentative Untersuchung, durchgeführt durch den Medienpädagogischen Forschungsverbund Südwest, zeigte, dass Drinnenspielen und Draußenspielen 2014 zu den häufigsten Aktivitäten der Kinder gehörte: Hinsichtlich der Nutzung jeden/fast jeden Tag wurden für das Spiel drinnen 85 % und für das Spiel draußen 63 % der Kinder angegeben. Werden die Kinder hinzugerechnet, deren Eltern diese beiden Tätigkeiten als *mindestens einmal pro Woche ausgeübt* angegeben haben, kommt das Spielen drinnen sogar auf 99 % und das Spielen draußen auf 93 % (vgl. ebd., S. 7). Ein weit überwiegender Teil der Kinder aus den befragten Haushalten spielt somit auch im Freien.

Allerdings scheint die Antwort auf die Frage, ob und wie kleine Kinder dies tun, abhängig von den Eltern und deren Einschätzung der näheren Wohnumgebung zu sein (vgl. Fölling-Albers & Hopf 1995, S. 48). Ein ›Draußenspielen‹, wie es in der mini-KIM-Studie erfasst wurde, bietet zudem nur eine unscharfe Information, denn: ›Draußen‹ umfasst in der Regel höchst unterschiedliche Orte: »insbesondere bei kleineren Kindern« können dies etwa »der Garten, der Hof oder die Straße vor dem Haus sein, oder, vor allem in ländlichen Regionen, die Wiese, das Brachgrundstück, der Bach oder der Gebüschgürtel in der Nachbarschaft« sein (Fölling-Albers & Hopf 1995, S. 39). Die von Maria Fölling-Albers und Arnulf Hopf in den späten 1980er und den frühen 1990er Jahren durchgeführte Studie konnte hinsichtlich der bevorzugten Spielbeschäftigungen im Freien bei 970 befragten Kindern – in absteigender Reihenfolge – das Fahrradfahren, Spiele im Sand, Spiele an Spielplatzgeräten, Versteck- und Abschlagspiele, Kettcarfahren und – eher seltener – Rollschuh laufen sowie Skateboard fahren nachweisen (vgl. ebd., S. 54). Wie oft Kinder auf einem Spielplatz spielten, war abhängig von der elterlichen Einschätzung zur Attraktivität bzw. dem Zustand der auf dem Spielplatz installierten Geräte (vgl. ebd., S. 48). Doch auch die Kinder selbst entschieden mit – und auch sie taten dies abhängig von der empfundenen Spielanregung der öffentlichen Plätze: »Werden die Außenbereiche für die Kinder interessant gemacht (z. B. durch gut angelegte Spielplätze oder durch Spielstraßen), begeben sich die Kinder nach draußen« (ebd., S. 49). In dieser Untersuchung zeigte sich hinsichtlich des Spielens im Freien eine ähnliche Tendenz, wie sie auch für das Spielen in Innenräumen festgestellt werden kann: Kinder werden bereits früh »an eine optimale Nutzung spezifischer raum-zeitlicher Vorgaben« gewöhnt: »Das Ballspielen geschieht auf dem Tennisplatz, dem Bolzplatz oder in der Turnhalle; das Klettern an speziellen Geräten des Spielplatzes; das Reiten auf dem Reiterhof etc.« (ebd., S. 167 f.).

7.2 Von Kindern gewählte Spielorte

Diese Tendenz bedeutet jedoch nicht, dass Kinder ihr Spielen ausschließlich an den räumlich-zeitlichen Vorgaben der (meist von Erwachsenen entworfenen) geplanten und errichteten Spielorte im Freien ausrichten. Die Freiburger Kinderstudie (vgl. Blinkert 1993) hat zeigen können, wie sehr sich der städtische Lebensraum für Kinder bereits um 1990 verändert hatte, wie eigensinnig Kinder mit dem Raum umgehen und dass kaum ein Faktor für eine gute Kindheit in der Stadt so wichtig ist wie Platz zum Spielen. In der Studie war ein spannender Nebenbefund festgestellt worden, der

7.2 Von Kindern gewählte Spielorte

die städtebaulichen Veränderungen der von Kindern selbst gewählten Spielorte im Freien betrifft:

»Werden die früher bespielten Freiflachen (z. B. durch Bebauung) reduziert, sind die Spielplätze langweilig [...] oder sind die Straßen zum Spielen zu gefährlich, verringert sich das Draußen-Spiel erheblich: auf dem Spielplatz und auf der Straße ebenso wie auf dem freien Gelände« (ebd., S. 49).

Dies zeigte einen regelrechten Pull-Effekt, der die Kinder in Bezug auf ihr Freizeitverhalten stärker zum Spielen in die Innenräume zog (vgl. ebd.). Dies mag auf den ersten Blick als Verdrängung der Kinder aus der Öffentlichkeit erscheinen. Es zeigte sich jedoch auch, dass und wie Kinder ihre Umgebungen abhängig von der durch sie selbst eingeschätzten Qualität wählen. Auch neuere Daten zum von Kindern favorisierten Spiel im Freien zeigen, dass so genannte Aktionsraumqualitäten im Wohngebiet einen starken Einfluss darauf haben, wie viel Zeit Kinder täglich mit dem Spielen im Freien verbringen (vgl. Blinkert et al. 2015). Neben privaten Räumen wie dem Hof oder dem Garten können Kinder demnach weiterhin auf öffentlichen Spielplätzen oder in öffentlichen Räumen wie Straßen, Plätzen oder Anlagen auch ohne Aufsicht spielen – und sie tun dies auch, sofern es die Bedingungen im Wohnumfeld der Familie zulassen. Allerdings scheint sich das Spielen im Freien – die so genannte ›Straßenkindheit‹ – inzwischen möglicherweise ein Stück umgekehrt zu haben, denn sie findet sich inzwischen weniger häufig in Familien der Arbeiterschichten als vielmehr in wohlhabenden Mittelschichtfamilien (vgl. ebd.).

Zwar zeigen die bisher verfügbaren Studien *keine unmittelbaren* Effekte des Draußenspielens auf die Entwicklung der Kinder, doch sie deuten wie schon Martha Muchows vor fast einem Jahrhundert durchgeführte Untersuchung an, dass und wie Kinder sich »auf eigenständige Weise Zugang zu ihrer Umwelt und deren Gesetzen verschaffen und damit als ›Akteure ihrer Entwicklung‹ anzusehen« (Hungerland 2015, S. 22 f.) sind. Muchows Studie bildete den Auftakt entsprechender Kindheits- und Raumforschung zu Spielorten von Kindern im Freien, auf Geländern, am Löschplatz, am Kanal,

7 Spielorte im Freien

aber auch in öffentlichen Gebäuden wie Kaufhäusern. In den 1920er Jahren haben ihre Studierenden und sie durch teilnehmende Beobachtungen, Feldnotizen und Gespräche im Hamburger Stadtteil Barmbek gezeigt, dass und wie Kinder Plätze im Freien zum Spiel nicht nur nutzten, sondern in ihrer Funktion auch tatsächlich ›umnutzten‹ (vgl. Muchow & Muchow 2012). Seit dieser Zeit haben sich die kindlichen Lebensräume im Freien vor allem in den Städten jedoch deutlich verändert – mit Blick auf Großstädte wird heute von einer Entwicklung der kindlichen Freizeittätigkeiten gesprochen, die von einer Tendenz der Entstraßlichung, der Verhäuslichung und der Verinselung geprägt sind (vgl. Zeiher & Zeiher 1994).

Allerdings kann die Kategorisierung von Spielorten im Freien und dem Spielen in Innenräumen, wie sie auch im vorliegenden Buch in den Kapiteln 6 und 7 vorgenommen wurde, auch *grundsätzlich* hinterfragt werden. Die Philologin und Kindheitsforscherin Ursula Nissen hat als alternative Differenzierung vorgeschlagen, zwischen »privatnahen Räumen (wie z. B. Hauseingang und Gehweg vor dem Haus, Hinterhöfe, Grünflächen am Haus) und öffentlichen Freiräumen (wie z. B. Parks, Grünflächen, Straßenraum, Spielplätze)« (Nissen 1992, S. 140; vgl. auch: Blinkert 1993, S. 69 ff.) zu unterscheiden. In jedem Fall benötigen wir auch zur spielbezogenen Freizeitgestaltung Draußen – insbesondere aus der Perspektive kleiner Kinder – deutlich mehr empirische Forschung.

8

Spielen in Krippe und Kindergarten

Das Spielen in Krippe und Kindergarten ließe sich ebenfalls gliedern in das Drinnenspielen und das Draußenspielen (▶ Kap. 6 und 7). Der Großteil der bisherigen Untersuchungen zum Spielen in öffentlichen frühpädagogischen Einrichtungen nimmt diese Gliederung jedoch nicht vor. Meist finden in der Forschung teilnehmende Beobachtungen und andere Formen der Datenerhebung in den Innenräumen von Einrichtungen statt. Bekannt ist allerdings zum Spielen im Freien in der öffentlichen Kleinkindererziehung, dass es deutliche Unterschiede zwischen den Außenbereichen der Einrichtungen gibt, die Auswirkungen auf das von Kindern bevorzugt gewählte Spielverhalten haben. Beobachtungsstudien zeigen etwa, dass ein von Kleinst- und Kleinkindern selbstgesteuertes Spiel im

Freien wichtig für die Entwicklung ist, diese aber stark davon abhängt, welche Spielanregungen im Freien – z. B. Klettergerüste, Parcours, Sandspielplätze – zu finden sind (vgl. Dinkel et al. 2019). Unabhängig von den zur Verfügung gestellten Spielmitteln und räumlichen Arrangements, die auch in den Innenräumen von Krippen und Kindergärten sehr heterogen sind, zeigt sich allerdings als ein übergreifendes Merkmal öffentlicher Kleinkindbetreuung die *Gruppe*. Bevor auf diese und ihre Bedeutung für das Spielen geblickt wird, soll jedoch zunächst der programmatische Zusammenhang von Spielen und Lernen in den für alle Krippen und Kindergärten bundesweit implementierten *Bildungsplänen* skizziert werden.

8.1 Spielen in den Bildungsplänen der Länder

Im Jahr 2004 haben die damalige Jugendministerkonferenz (JMK) und die Kultusministerkonferenz (KMK) der deutschen Bundesländer einen Rahmen für die frühe Bildung in Krippen, Kindergärten und Tagespflege beschlossen, dem die Erstellung und Entwicklung so genannter Bildungs- bzw. Orientierungspläne in den einzelnen Bundesländern folgten. Für die Forschung zur Kindheit sind diese Pläne wichtige Dokumente, denn sie haben »verschiedene kommunikative Funktionen jenseits der bloßen inhaltlichen Rahmung für die pädagogische Praxis« (Meyer 2020, S. 10). So sind sie u. a.

> »als neue Steuerungsinstrumente mit eingeschränktem und länderspezifischem Steuerungsvermögen zu verstehen, stellen als konkrete Antwort auf die schulische Leistungsvergleichsstudie PISA bildungspolitische Handlungsfähigkeit dar, fungieren als Medium der Ausweisung und Legitimation der öffentlichen Kindertagesbetreuung und können als orientierender Bewertungsmaßstab der Arbeit in Kindertageseinrichtungen verstanden werden« (ebd., S. 10 f.).

Für pädagogische Fachkräfte bieten Bildungspläne Orientierungen in der frühkindlichen Erziehung und Betreuung. Sie haben dabei

8.1 Spielen in den Bildungsplänen der Länder

allerdings keinen den Lehrplänen für die Schule entsprechenden Charakter! Vielmehr sind sie konzeptneutral angelegt und »enthalten keinen umfassend geregelten Ablauf der pädagogischen Arbeit, belassen einen großen pädagogischen Freiraum und setzen auf die Berücksichtigung individueller Unterschiede und spielerischer, erkundender Lernformen« (JMK/KMK 2004, S. 2). Gleichwohl haben die JMK und die KMK pädagogische Grundprinzipien festgehalten – etwa das Prinzip, dass in den öffentlichen Einrichtungen »informelle, erkundende und spielerische Lernformen« der Kinder vorherrschen sollen, die »von den Erwachsenen begleitet und auch gesteuert werden« (ebd., S. 6). Entsprechende spielorientierte Bildungsangebote seien dabei »[n]ach dem Prinzip der Entwicklungsangemessenheit [...] zu gestalten«, daher »wechseln sich moderierte Lernarrangements und Freispielphasen oder andere Tätigkeiten ab« (ebd.). Im Grunde lassen sich diese den Bildungsplänen übergeordneten Prinzipien als *regelrechte Aufforderung für eine Spielpädagogik* lesen, jedoch bleibt die Art und Weise der pädagogischen Ausgestaltung des Kinderspiels offen.

Trotz dieser Offenheit haben Bildungspläne jedoch zugleich ein gemeinsames Merkmal mit den Lehrplänen: Auch »Bildungspläne sind dadurch gekennzeichnet, dass sie die Bildungsprozesse der Kinder in einzelne Bereiche gliedern« (Vollmer 2012, S. 107), und gerade dies führt dazu, dass in den meisten Bildungsplänen heute versucht wird, das kindliche Spiel auf der inhaltlichen Vermittlungsebene in Einklang mit einer Kompetenzorientierung zu bringen. Ein Einblick in wenige ausgewählte Dokumente soll dies im Folgenden kurz verdeutlichen.

Der *Thüringer Bildungsplan* etwa, der inzwischen institutionenübergreifend von der Geburt bis zum Alter von 18 Jahren formuliert wurde (in seiner ursprünglichen Fassung war er nur für das Alter bis zehn Jahre konzipiert worden), verweist darauf, dass das Spiel »[f]ür das Lernen von Kindern und Jugendlichen [...] eine herausragende Bedeutung« habe, da sie mittels spielender Auseinandersetzung die Welt »erkennen, erobern und reflektieren« und sich »die Welt an allen Orten, z.B. zu Hause, in den Bildungseinrichtungen, im Internet, mit Freund_innen« erschließen (TMBJS 2015, S. 10). Spiel sei »dabei ein offener Gestaltungsprozess, in dem Beziehungen zu Spielsachen, Spielpartner_innen und zu sich selbst hergestellt werden« (ebd.). Als bedeutsam für den Bereich der sprachlichen und schriftsprachlichen Bildung werden im Thüringer Bildungsplan etwa Handpuppen, Rollenspiele oder rhythmusbetonte Spiele genannt; als relevant für die mathematische Bildung werden u. a. das »Bauen und Konstruieren«, das »Ineinanderstapeln«, das Spielen mit »Material zum Auseinandernehmen und Experimentieren«, »Spielgeld« sowie »Spiele zur Raum-Lage-Wahrnehmung« und »Spiele zum Vergleichen, Sortieren, Zählen« aufgeführt« (ebd., S. 43).

Auch in der *Bildungskonzeption für 0- bis 10jährige Kinder in Mecklenburg-Vorpommern* wird festgehalten, dass dem Spiel »bei der Bildung und Erziehung von Kindern vor dem Schuleintritt eine grundlegende Bedeutung« zukomme; und weiter heißt es: »Spielen und Lernen sind keine Gegensätze, denn spielen ist immer auch lernen« (MBWK 2011, S. 3). Dementsprechend gibt auch dieser Bildungsplan verschiedene Anregungen für Spiele in den Bildungs- und Erziehungsbereichen Kommunikation, Sprechen und Sprache(n), elementares mathematisches Denken, (inter)kulturelle und soziale Grunderfahrungen sowie Welterkundung und naturwissenschaftliche Grunderfahrungen, Musik, Ästhetik und bildnerisches Gestalten und Bewegung. Hervorzuheben ist dabei insbesondere, dass das Spielen von Kindern verschiedener sozialer und kultureller Herkunft Erfahrungen durch das »gemeinsam spielen«, das »Spielregeln festlegen und einhalten«, aber auch durch das Beachten und Einfordern von »Fairness bei Gewinnspielen« sowie durch das Hineinversetzen »in die Lage eines anderen Menschen«, etwa durch »Puppen-, Rollen- und Regelspiele« betont wird (ebd., S. 7).

Der *Bildungs- und Erziehungsplan für Kinder von 0 bis 10 Jahren in Hessen* hingegen weist insbesondere mit Blick auf das Lernen im Kindesalter darauf hin, dass Kinder in ihrem späteren Leben mit Wissen dann kreativ umgehen, »[w]enn sie in vorschulischen Lernprozessen spielerisch mit Inhalten (z. B. Mathematik, Naturwissenschaften) experimentieren können« (Fthenakis et al. 2014, S. 27). Auffällig im Vergleich zu den o. g. zwei Bildungsplänen ist, dass hier mit Blick auf das Spielverhalten des Kindes durchaus auch *deutliche Forderungen* formuliert werden. Der Bildungsplan hält z. B. fest, dass es im Spiel notwendig sei, »einen positiven Bezug zu Zahlen [zu] entwickeln«, da »dieser von Anfang an positive Bezug zur Mathematik für alle Lernschritte in der Schule von zentraler Bedeutung« sei: »Mit Freude lernen heißt nicht, dass Lernen stets Spaß machen muss, es kann auch mühsam und anstrengend sein« (ebd.). An diesem Beispiel zeigt sich, dass die Bildungspläne der deutschen Bundesländer nicht nur in Bezug auf die inhaltliche Einteilung der in Kindertageseinrichtungen zu vermittelnden Sachverhalte unterschiedliche Gliederungen vornehmen, sondern dass auch die Leistungsorientierungen und Anforderungen unterschiedlich stark ausgeprägt sind. Einig sind sich jedoch alle Autorinnen und Autoren der Bildungspläne, dass Spielen die elementare Form des Lernens bzw. die zentrale Lebens- und Handlungsform kleiner Kinder ist. Ohne diese kann eine praktische Frühpädagogik nicht planen und agieren.

8.2 Zur Bedeutung der Gruppe

Die Ministerinnen und Minister der o. g. Konferenzen haben in ihrem Rahmenplan für die frühe Bildung in Kindertageseinrichtungen auch explizit auf die »Gruppe als (soziales) Lernfeld« bzw. auf die »Rolle der Peers« von Kindern im Alter bis sechs Jahren hingewiesen (JMK/KMK 2004, S. 7): »Um sozialer Ausgrenzung vorzubeugen und angemessen zu begegnen«, sei »auf die Zusammenstellung der Gruppen« zu achten, um etwa »[i]ndividuelle Unterschiede in Bezug auf Geschlecht, Herkunft, Religion, Lebensweise, Alter und Entwicklungsstand, Stärken und Schwächen« zu berücksichtigen« (ebd.).

Obwohl wir in der Alltagssprache kein Problem damit haben, von Gruppen zu sprechen, lässt sich keineswegs einfach bestimmen, was eine Gruppe überhaupt zu einer solchen macht. Zunächst einmal verwenden wir den Begriff häufig für eine Mehrzahl von Menschen: Manche Menschengruppen bilden sich spontan und lösen sich nach kurzer Zeit wieder auf, andere bestehen über einen längeren Zeitraum, da sie durch bestimmte Normen, Rollen, Hierarchien und mehr oder minder gemeinsame Ziele relativ ›fest‹ sind (vgl. Dollase 2015, S. 13). Was die Gruppe im Allgemeinen so schwer bestimmbar macht, ist vor allem die in Gruppen bestehende Dynamik. Während die Kommunikation zwischen zwei Menschen für jemanden, der die beiden beobachtet, noch halbwegs verständlich sein kann, sind die Interaktionen und das Aufeinander-Bezug-Nehmen in einer Gruppe fast immer komplex. Dies gilt insbesondere für spielende Gruppen kleiner Kinder, wie das folgende Beispiel einer Kleinstgruppe zeigt:

> »Anna steht im Gruppenraum und schaut sich um. Sie geht auf Lara zu und fragt: ›Wollen wir spielen?‹ ›Ja. Ich will verkaufen‹, sagt Lara. Sie geht zum Kaufladen und stellt sich hinter die Kasse. Anna folgt ihr und sagt: ›Wir brauchen noch mehr Geschäfte! Noch jemand muss verkaufen.‹ Anne ruft Soé und fragt sie: ›Willst du auch verkaufen spielen? Wir verkaufen hier Äpfel und Brot. Du kannst am Tisch Bälle verkaufen.‹ ›Ja, genau‹, ruft Lara. Soé schaut nachdenklich. Sie geht zur Kiste mit den Bällen, holt sich mehrere Bälle und legt sie auf den von Anna zugewiesenen Tisch. Die Bälle rollen vom Tisch. Soé ärgert sich darüber und sagt zu Anna und Lara: ›Bälle sind doof.‹ Lara schlägt ihr vor, Stifte zu verkaufen. ›Stifte sind auch doof. Du kannst die Stifte haben. Ich will mit Anna verkaufen‹, antwortet Soé daraufhin« (Kaiser & Spieß 2013, S. 45).

Die Spielsituation zeigt, welche Dynamik Spiele bzw. Spielanläufe in Gruppen entwickeln können. Im Rollenspiel haben Anna und Lara bereits ihre jeweilige Rolle eingenommen, Soé hingegen werden zwei Rollen angeboten, die sie jedoch nicht annimmt. Der Aushandlungsprozess scheitert. Ob danach doch noch gemeinsam in der Gruppe gespielt wird oder ob Soé sich abwendet und lediglich ein Paarspiel zwischen Anna und Lara hinterlässt, bleibt unklar.

8.2 Zur Bedeutung der Gruppe

Aufgrund ihrer Aussage, lieber mit Anna verkaufen zu wollen, wird außerdem deutlich, dass Anna aus Sicht Soés eine hohe Position in der Gruppe zukommt – sie könnte beliebt sein. Ob hier jedoch bereits eine Ausgrenzung im Sinne der JMK/KMK stattfindet, soll an dieser Stelle nicht das Thema sein. Deutlich wird an diesem Beispiel vielmehr, dass bereits eine solche Kleinstgruppe das Ziel einer ständigen Steuerung des Spiels durch frühpädagogische Fachkräfte (▶ Kap. 8.1) erschwert. Gruppendynamiken sind kaum vorhersehbar.

Neben solchen, sich meist für kürzere Zeiträume bildenden dynamischen Spielgruppen existiert durch die außerhäuslichen Arrangements in Krippe, Kindergarten und Tagespflege aber auch eine durchgängige Gruppe, wie sie im häuslichen Kontext auch im Falle von Geschwistern besteht und bei der die Kinder in Bezug auf ihr Alter in der Regel nur wenige Jahre auseinander liegen, häufig sogar gleichen Alters sind. Dazu kommen außerdem die ihren Gruppen jeweils zugeordneten pädagogischen Fachkräfte. Mit Blick auf die frühe Kindheit wird eine Gruppe aber vor allem verstanden als »eine Anzahl von Kindern zusammen mit ihrer Erzieherin oder ihrem Erzieher [...], die sich nicht freiwillig und nach persönlicher Bekanntschaft zusammengeschlossen haben, um ein gemeinsames Ziel (ein ›Miteinander-Ziel‹) zu erreichen« (Dollase 2015, S. 13). Von einer Gruppenromantisierung ist dieses eher nüchterne Begriffsverständnis zu Recht weit entfernt. Und dies ist auch notwendig, denn Gruppen in Krippen, Kindergärten und in der Tagespflege gibt es nicht primär aus pädagogisch-didaktischen Erwägungen, sondern »vor allen Dingen aus ökonomischen und fiskalischen Gründen« (ebd., S. 83). Eine Eins-zu-eins-Betreuung wäre schlichtweg nicht für alle Kinder bzw. deren Familien finanzier- und organisierbar. Innerhalb solcher – letztlich durch äußeren Zwang hergestellten – Gruppen gibt es aber immer auch die Kinder-Gruppe als soziale Gemeinschaft.

Es wäre allerdings auch verkürzt gedacht, wenn die Existenz von Gruppen in modernen Industrienationen *allein* in unserer kapitalistischen Vergesellschaftung begründet werden würde. Auch in anderen Kulturen weltweit fand bzw. findet sich die Idee der Gruppenbetreuung außerhalb des Kreises der biologischen Eltern. »Dass Kinder zu zweit oder in kleinen Gruppen miteinander spielen, ist insbesondere im so genannten ›Spielalter‹ der Kinder vor ihrem Eintritt in die Schule ein weltweit und in allen Geschichtsepochen verbreitetes und beobachtetes Phänomen« (Liegle 2017, S. 149). Weltweit sorgen ältere Kinder in mehr oder minder großen und vor allem selbstgewählten Peergruppen für jüngere Kinder (vgl. Lamm & Keller 2010). Ab dem zweiten Lebensjahr ist das Handeln im Kontext solcher peers bereits prosozial, d. h. es zielt ab auf Verständigung und zunehmend auf gemeinsames Handeln.

In öffentlichen Medien, aber auch in einigen Fachbüchern werden Gruppen in Krippen, Kindergärten oder der Tagespflege jedoch nicht selten unzulässig romantisiert. Mit Blick auf die Gruppe wird dabei von ›sozialem Lernen‹ gesprochen, davon, dass Kinder lernen miteinander zu leben, füreinander zu sorgen, Rücksicht auf andere zu nehmen, empathisch zu sein, sich selbst untereinander zu organisieren etc. (vgl. Kaiser & Spieß 2013, S. 46 ff.). Empirische Studien zu den Effekten von Gruppen haben inzwischen jedoch ein recht differenziertes Bild gezeichnet, das zeigt, wie manche Gruppen zwar durchaus die o. g. wünschenswerten, aber z. T. eben auch weniger wünschenswerte Situationen und Zustände hervorbringen können. Die Gruppe in der Krippe und im Kindergarten kann vor dem Hintergrund einer umfassenden Auswertung empirischer Studien durchaus »auch ein Erschwernis für das individuelle Lernen dar[stellen]«, wenngleich sie mit Blick auf die Datenlage insgesamt »im Durchschnitt nicht schadet« (Dollase 2015, S. 43).

In jedem Fall bilden Gruppen für das Spielen der Kinder in Krippe, Kindergarten und Tagespflege eine grundlegende Voraussetzung, die die Entfaltungsräume des individuellen Spielens um Möglichkeiten des Kollektiven erweitern, aber eben auch begrenzen. Erweiterungen der Spielräume sind durch die Gruppe möglich, da Spiele entstehen können, in denen einzelne Kinder in der Spielgruppe bestimmte Rollen samt Funktionen einnehmen, die ohneeinander im Spiel nicht dynamisch ausgeübt werden könnten. Be-

8.2 Zur Bedeutung der Gruppe

grenzt werden die Spieltätigkeiten, da jede Gruppe einen gewissen Zwang ausübt, das mehrheitlich oder durch eine Spielführerin bzw. einen Spielführer eingeforderte Spielverhalten auszuüben.

9

Spielen mit digitalen Medien in der frühen Kindheit

In den Lebens- und Alltagswelten vieler Kinder in industrialisierten Ländern nehmen Medien heute eine nahezu selbstverständliche Rolle ein (vgl. Tillmann & Hugger 2014, S. 31). Schon im Säuglingsalter gelangen Kinder unweigerlich mit digitalen Medien in Kontakt (vgl. Holloway et al. 2013), wenngleich hierzu ein Großteil der Eltern in Deutschland – z. B. bei Situationen des Stillens und Fütterns – sensibilisiert ist und darauf achtet, den Nachwuchs nicht unnötig den audiovisuellen Reizen dieser Medien auszusetzen (vgl. Büsching & Riedel 2017, S. 35 ff.). Dennoch werden digitale Medien für kleine Kinder schon in den ersten Lebensjahren attraktiv. Ein Grund hierfür liegt in der crossmedialen Vermarktung populärer Figuren, denen Kinder auch über Bücher, Zeitschriften oder durch Aufdrucke auf Kleidung begegnen und die in der Regel auch in eigens produzierten Fernsehserien oder Filmen, Hörspielen und digitalen Spiele zu finden sind. In diesem Sinne werden digitale Medien von Kindern ein Stück weit zur Unterhaltung, später dann aber auch zur gezielten Informationssuche oder gar als Ratgeberangebot verwendet. Kleine Kinder nutzen Medien dagegen vor allem in einer spielenden und erkundenden Weise. Ob von Erwachsenen definierte Nutzungsformen von Medien wie sich unterhalten zu lassen oder sich zu informieren auf der Inanspruchnahmeseite bei diesen Kindern überhaupt geeignet sind, ist eher unklar.

Der Begriff *digitale Medien* umfasst zahlreiche und sehr unterschiedliche Angebote, vom (digitalen) Fernsehen über Notebooks, Tablets und Smartphones bis hin zu computerbasierten interaktiven Lernspielangeboten, die teils auch mit traditionellen Medien kombiniert werden (z. B. audiodigitale Bücher, die mittels eines Stifts zum sachbezogenen interaktiven Hörangebot werden). Die genannten ›greifbaren‹ Medien stellen aber nur die Hardware dar, mittels derer es möglich wird, konkrete inhaltliche Angebote wie Fernsehsendungen und bestimmte Spiele und Informationsangebote zu nutzen.[8] Neben der Bezeichnung *digitale Medien* ist in der Fachliteratur und in der öffentlichen Presseberichterstattung oft auch die Formulierung *neue Medien* zu finden, die in der Regel als Synonym verwendet wird. Dieser Terminus kam als mehr oder minder feststehende Bezeichnung erstmals in den 1970er Jahren auf und umfasste zunächst alle innovativen Technologien wie z. B. Kabel- und Satellitenfernsehen sowie Videografie, die neue Nutzungsformen vorhandener Massen- und Speichermedien ermöglichen (vgl. Hüther 2005). Im Laufe der letzten Jahre hat sich der

---

8 Auf Software- und Hardware- wie auch auf Inhaltsebene entwickeln sich die digitalen Medien seit Jahren rasant weiter, so dass ein vollständiger Überblick an dieser Stelle fast unmöglich ist und ohnehin nur einen flüchtigen Blick bieten würde.

Begriff der neuen Medien jedoch konkretisiert und er wird heute meist als Bezeichnung für »die auf digitaler computertechnischer Basis arbeitenden vernetzten Multimediatechnologien« (ebd., S. 346) verwendet, in denen insbesondere die Informations- und Kommunikationstechnik des Computers zentral ist. Dass sich Computer auch in den Spielwelten von Kindern neben andere Freizeitbeschäftigungen setzen konnten, hängt mit Blick auf die vergangenen drei Jahrzehnte eng zusammen mit der Entwicklung des Internets, die eine weltweite Vernetzung ermöglichte und damit nicht nur neue Formen der alltäglichen Kommunikation, sondern eben auch des Spielens hervorbrachte.

Dass die kulturell-technische Entwicklung in der Kindheit in quasi allen Lebensbereichen – auch in Kindergärten – einen solchen Lauf genommen hat, ist im Übrigen keineswegs selbstverständlich. Mit dem Aufkommen neuer Medien in der zweiten Hälfte des 20. Jahrhunderts erging 1987 in der BRD ein Beschluss der Jugendministerkonferenz zum Thema »Bedeutung und Aufgaben des Kindergartens in einer durch neue elektronische Medien mitbestimmten Kindheit« (vgl. Reichert-Garschhammer 2007, S. 79). Darin sprachen sich die Jugendminister und -senatoren zunächst deutlich gegen den Einsatz von Computer- und Videospielen im Kindergarten aus und auch Fernseh- und Videofilme galten als kein geeignetes pädagogisches Medium für die frühpädagogische Institution – eine Auffassung, die sich jedoch schon 1996 änderte, als die gleiche Konferenz den Grundsatzbeschluss »Medienpädagogik als Auftrag der Kinder- und Jugendhilfe« verabschiedete (vgl. ebd.). Grund für diesen Perspektivwechsel war – u.a. in Anbetracht der zunehmenden Gewaltdarstellungen in Medien – die Einsicht, dass eine frühzeitige Stärkung der Medienkompetenz bei Kindern nur über die Auseinandersetzung mit diesen und nicht durch einen ›bewahrpädagogischen Schonraum‹ stattfinden könne. In den heutigen Bildungs- bzw. Orientierungsplänen der deutschen Bundesländer (▶ Kap. 8.1) ist die Medienerziehung, wenn auch mit jeweils unterschiedlichen Gewichtungen, eines der notwendigen Aufgabenfelder öffentlicher Kleinkindererziehung.

Hinsichtlich der Bedeutung von Medien in der frühen Kindheit finden sich heute zwei große Forschungsparadigmen. Das erste Paradigma ist ein eher medizinisch-psychologisches, in dem vor allem »die gesundheitlichen Folgen eines zu frühen und exzessiven Medienkonsums« (Mall & Paulus 2018, S. 129) untersucht werden. Insbesondere in den ersten zwei Lebensjahren, in denen das Gehirn sensiblen Entwicklungsphasen unterliegt, die von den Reizen der Außenwelt beeinflusst werden, zeigen sich audiovisuelle Medien problematisch (vgl. ebd.) – Erkenntnisse, die auch im populären Diskurs über digitale Medien stark gemacht werden (vgl. etwa: Spitzer 2005). Das zweite Paradigma wird stärker von den Kommunikations- und Medienwissenschaften sowie von der Pädagogik repräsentiert. Dort wurde bislang vor allem die Zeit nach dem zweiten Lebensjahr beleuchtet und grundsätzlich wird hier davon ausgegangen, dass eine ›medienfreie‹ Kindheit heute schlichtweg »utopisch« sei (MPFS 2015, S. 3), was dazu führt, dass der Fokus hier eher auf die Art und Weise der Auseinandersetzung von Kindern mit Medien gerichtet wird. Erkenntnisse aus beiden Paradigmen finden sich in den folgenden beiden Unterkapiteln wieder.

9.1 Zur Nutzung und Stellung digitaler Medien im Kontext frühkindlicher Freizeitaktivitäten

Zunächst sollen die Nutzungsweisen von digitalen Medien in der frühen Kindheit thematisiert werden. Die weiter oben näher beschriebene mini-KIM-Studie zeigte, dass bereits 2014 99 % der Haushalte in Deutschland über (jeweils mindestens) ein Fernsehgerät, 97 % über einen Computer/Laptop und 97 % über ein Handy/Smartphone verfügten. Einen Internetzugang hatten 97 % (vgl. ebd., S. 5). Allerdings besaßen die Kinder in den befragten Familien selten eigene Mediengeräte. Am häufigsten waren »Kassettenrekorder (22 %) oder CD-Player (21 %)« (ebd., S. 6). Selbst wenn man mit Blick auf die Ergebnisse in dieser Studie etwas zu hohe Zahlen annimmt, da die befragten Haupterziehungspersonen beim Umgang mit digitalen Medien ›sozial erwünscht‹ geantwortet haben könnten, so zeigen die erfassten Alltagsaktivitäten der Kinder eine hohe Vielfalt: Drinnenspielen und Draußenspielen waren von fast allen Kindern ausgeübte Freizeittätigkeiten – beim überwiegenden Teil sogar jeden Tag bzw. fast jeden Tag –, gefolgt vom Anschauen bzw. Vorlesenlassen von Büchern, dem Fernsehen, kreativen Tätigkeiten wie Malen, Zeichnen und Basteln, dem Treffen von Freunden, Musik hören, Hörspiele anhören, Video/DVD ansehen, Sport treiben, Radio hören, Musizieren und – mit lediglich 12 % – Computer-, Konsolen- und Online-Spiele, gefolgt von der Nutzung des Handys bzw. Smartphones mit 9 % und dem Tablet mit 7 % (vgl. MPFS 2015, S. 7). Die Ergebnisse weisen nach, dass digitale Medien zu den eher ›traditionellen‹ Freizeitaktivitäten von Kindern hinzugetreten sind und die Medienauswahl damit erweitern.

Es ist allerdings auch anzumerken, dass die hier gelisteten Freizeitaktivitäten kein grundsätzliches Entweder-Oder darstellen. Die Trennung von physischen und digitalen Freizeitaktivitäten verkennt möglicherweise, wie stark virtuelle oder kulturelle Welten auch in der frühen Kindheit bereits verschmolzen sein können (vgl. Arnott et al. 2019). Auch das immer wieder zu hörende bzw. zu lesende Argument, dass Kinder, die digitale Medien nutzen, sich doch kaum noch bewegen würden, geht daher wahrscheinlich an der Medien- und Freizeitrealität vieler Kinder vorbei – zumal der Großteil der Kinder in Deutschland ohnehin regelmäßig Sport treibt (vgl. Lampert et al. 2007).

Neben den tatsächlichen Aktivitäten wurde in der mini-KIM-Studie auch nach den liebsten Freizeitbeschäftigungen der Kinder gefragt. Dabei wurden

> »für die Zwei- bis Dreijährigen [das] Spielen und die Beschäftigung mit Büchern deutlich häufiger genannt, während bei den Vier- bis Fünfjährigen neben dem Draußenspielen auch Treffen mit Freunden, Fernsehen, Sport

sowie Computer-/Konsolen-/Onlinespiele beliebter sind als bei den Jüngeren« (ebd., S. 9).

Auch vor dem Hintergrund der bevorzugten Freizeitaktivitäten der Kinder zeigt sich, dass neue Medien im Spielalltag somit eher *neben* die klassischen Spiele und Beschäftigungen getreten sind, als diese zu ersetzen. Von einer Verdrängung kann bislang jedenfalls kaum gesprochen werden. Auch wenn man davon ausgeht, dass Tablets und weitere digitale Medien inzwischen in Familien verbreiteter sind als noch vor einigen Jahren, ist anzunehmen, dass auch die Beschäftigung von Kindern mit diesen Medien neben die o. g. Freizeitaktivitäten tritt.

9.2 Sind digitale Spiele nützlich oder gefährlich?

Aus der Medizin liegen bislang eher wenige aussagekräftige Studien zu Effekten der Mediennutzung *in der frühen Kindheit* vor. Jedoch wird auf Basis der bislang verfügbaren Ergebnisse – auch über die Wirkungen der Mediennutzung in der mittleren Kindheit – und zudem mit einem starken Vorsorgemotiv, das auf allgemeinen entwicklungspsychologischen Einsichten fußt, empfohlen, dass im Kleinstkindalter der »Medienkonsum durch Eltern und Erzieher geringgehalten« und erst »später ab dem letzten Kindergartenjahr (in der Schulvorbereitung) ermöglicht werden sollte« (Mall & Paulus 2018, S. 129; vgl. auch: Fröhlich-Gildhoff & Fröhlich-Gildhoff 2017). An dieser weitgehenden Empfehlung besteht jedoch Kritik, da eine gut angeleitete Mediennutzung zu Bildungszwecken bei vier- oder fünfjährigen Kindern nicht berücksichtigt wird. Die in ihrer Forschung auf neue Medien spezialisierte Erziehungswissenschaftlerin Helen Knauf weist darauf hin, dass »in der pauschalen Ablehnung aller digitaler Medien« in der frühen Kindheit die »deutlich größeren Risiken« liegen; stattdessen plädiert sie dafür, »die Vielfalt der Dinge, die Kinder und Erwachsene mit Tablet, Smartphone und Computer tun können« (Knauf 2018, S. 117), anzuerkennen und in die frühpädagogische Praxis einfließen zu lassen.

In der öffentlichen Presseberichterstattung, aber auch in einigen wissenschaftlichen Debatten finden sich bis heute Stimmen, die digitale Medien pauschal verteufeln. Die entsprechenden Haltungen sind für den Umgang mit alltäglichen pädagogischen Fragen und Herausforderungen allerdings wenig hilfreich (vgl. Neuß 2017, S. 229). Stattdessen lässt sich feststellen, dass viele Lebensbereiche von Kindern – auch und gerade in der frühen Kindheit – von Medien, insbesondere den digitalen, durchzogen sind. Eine frühzeitige Auseinandersetzung mit diesen Artefakten erscheint daher notwendig, zumal so etwas wie Medienkompetenz heute zu den unverzichtbaren Kulturtechniken gehört (vgl. ebd.; Knauf 2018).

Für die Unter-Zweijährigen allerdings deutet tatsächlich vieles darauf hin, dass digitale Medien keinen Nutzen haben, sondern eher eine Gefahr für die Entwicklung der Wahrnehmung, der Motorik sowie der Sprache bzw. des Sprechenlernens der Kinder darstellen. Dies gilt insbesondere für vermeintliche digitale Sprachlernangebote, wie sie für Kleinstkinder auf dem Spielzeug- und Lernspielmarkt zu finden sind. In einer experimentellen Studie wurden z. B. amerikanische Säuglinge in Gruppen eingeteilt und über audiovisuelle oder über reine Audioaufnahmen jeweils dem chinesischen Mandarin sowie der englischen Sprache ausgesetzt. Die Ergebnisse zeigten in Bezug auf beide Sprachen – die eigene und die Fremdsprache –, dass die Exposition gegenüber aufgezeichnetem Mandarin ohne eine zwischenmenschliche Interaktion keinerlei Wirkung auf das Lernen der jeweiligen Sprache hatte (vgl. Kuhl et al. 2003). Dies gründet darin, dass Kinder im Alter von neun und zehn Monaten, aber auch noch ältere Kleinstkinder, das phonetische Lernen zwingend in einer lebendigen, unmittelbaren Interaktion benötigen, um Sprache zu erwerben (vgl. ebd.).

9.2 Sind digitale Spiele nützlich oder gefährlich?

Blickt man auf die Geschichte der Spielpädagogik zurück, so zeigt sich, dass Fingerspiele und Spiellieder, wie Fröbel und die Kindergärtnerinnen sie entwickelt haben, als in unmittelbarer physischer Präsenz ausgeübte Spiele sich nicht einfach elektronisch ersetzen lassen. Insgesamt lässt sich somit festhalten: Die Nutzung digitaler Medien, darunter auch die spielende, muss insbesondere in den ersten zwei Lebensjahren des Kindes sorgsam überwacht werden. Sie darf keinesfalls die menschliche Interaktion in verbaler und körperlicher Hinsicht ersetzen. Und selbstverständlich sollten auch über dieses Alter hinaus digitale Medien nicht dauerhaft zum ›Ersatz‹ einer tatsächlichen Kommunikation mit Menschen werden. Ob die digitalen Medien jedoch generell »zum Verschwinden« von Kompetenzen beitragen und ob »viele traditionelle Spiele [durch sie] ersetzt werden« (Bilstein et al. 2005, S. 9), erscheint mit Blick auf die gegenwärtige Datenlage eher unwahrscheinlich. Gerade bei versierten und interessierten Kindern könnten diese Medien durchaus dazu beitragen, neue Fertigkeiten im Umgang mit Technik zu entwickeln. Zudem bieten sie geeignete Anlässe, auch die Inhalte der Medien zum Gesprächsgegenstand zu machen, d. h., durch sie und über sie auch etwas zu lernen, was sich gemeinhin als Medienkompetenz bezeichnen lässt.

10

Zum Abschluss: Das spielpädagogische Grundproblem im Spiegel empirischer Studien

In diesem letzten Kapitel werden die begrifflichen, theoretischen und mit Blick auf Spielorte und -situationen geordneten Einsichten zum Spielen in der frühen Kindheit noch einmal pädagogisch-praktisch beleuchtet und in Bezug zu neueren empirisch-sozialwissenschaftlich überprüften Erkenntnissen gesetzt.

Es wurde bereits deutlich, dass eine pädagogisch-didaktische Inanspruchnahme des Spiels grundsätzlich möglich ist. Dies bedeutet, dass Erwachsene sich das Kinderspiel mit bestimmten Intentionen zunutze machen können. Zugleich wird in der Auseinandersetzung mit diesem Sachverhalt jedoch oft übersehen: »Der Zweck des Spiels liegt bereits in der Tätigkeit« (Mietzel 2002, S. 155). Dies heißt: Ein Kind »spielt nicht, um zu lernen: es spielt eben, und dabei lernt es, und das benutzen wir, indem wir dafür Gelegenheiten einräumen, Spielzeuge erfinden und sie mit pädagogischen Absichten befrachten« (Prange & Strobel-Eisele 2015, S. 122). Dieses Spannungsfeld zwischen selbsttätigem Spiel des Kindes einerseits und erzieherischer Einflussnahme – meist durch Erwachsene – andererseits bleibt unauflösbar, sofern man Spielpädagogik tatsächlich *als Pädagogik* und nicht als völlig freies Spiel versteht.

Bevor an dieser Stelle jedoch praktische Missverständnisse entstehen: Spielpädagogik bedeutet nicht, Spiele prinzipiell vorzugeben oder Spielhandlungen von Kindern zu unterbrechen. Sie hat vielmehr eine starke didaktische Komponente, d. h., sie hat es immer mit Repräsentationen von Sachverhalten aus der das Kind umgebenden Welt zu tun: Repräsentiert werden können Dinge und deren Zusammenhänge im Spiel durch Erwachsene oder durch andere Kinder etwa mittels Sprache, die z. B. auf *Farben, Formen* oder die *Mengen* von Spielgegenständen aufmerksam macht. Denkbar sind dabei Gestalten des Spielgeschehens, in denen pädagogische Fachkräfte oder Eltern mitspielen und das kindliche Aneignen im Spiel auf diese Weise begleiten. Möglich sind aber auch vorbereitete Spielsituationen, die ein Spielen potenziell wahrscheinlich werden lassen. Auch wenn der Begriff viel gescholten ist: Pädagogik besteht immer aus »Einwirkungsversuchen« – und will man ernsthaft und sachangemessen über Pädagogik sprechen, so ist Einwirkung ein »unverzichtbares Konzept jeglichen erzieherischen Handelns« (Ludwig 2000, S. 585).[9] Pädagogische Einwirkungen finden

---

9 Der Begriff *Einwirkung* ist allerdings nicht zu verwechseln mit dem des Eingriffs oder des Übergriffs. Ich will hier keiner Pädagogik im Sinne einer ›Sozialtechnologie‹ das Wort reden. Allerdings muss deutlich gemacht werden, dass Erziehung und damit auch Kleinkindererziehung durchaus als ›Handwerk‹ verstanden werden kann (vgl. Winkler 2009, S. 307; Sauerbrey 2018b).

sich mit Blick auf das hier gewählte Thema vor allem in den *spielpädagogischen Grundformen* des *Initiierens* (Vorbereiten und Anstoßen einer Spieltätigkeit) und des *Mitspielens* (Begleiten bis hin zum Anleiten des Spiels).

Pädagogische Fachkräfte und Eltern können Kinderspiele *initiieren*, indem sie etwa durch das Arrangieren und durch die Vorbereitung von Spielsituationen darauf hinwirken, dass ein Spielbeginn des Kindes einsetzt. Ob Arrangements tatsächlich die Wirkung eines Spielbeginns entfalten, hängt grundlegend vom Kind und seiner subjektiven Motivation zum Spielen in einer bestimmten Situation ab. Die erzieherisch fokussierte Spieltätigkeit lässt sich jedoch durch ein geeignetes und angemessenes Anregen durchaus fördern. Kindern werden z. B. Spiele ermöglicht, indem pädagogische Fachkräfte beispielsweise Konstruktionsspielmittel auswählen und in der Spielecke bereitstellen oder indem sie einen Funktionsraum für ein Bewegungsspiel vorbereiten.

Pädagogische Fachkräfte und Eltern können aber auch *mitspielen*, indem sie sich an einem durch Kinder begonnenen Spielgeschehen beteiligen, indem sie sprachlich Gegenstände oder Situationen repräsentieren, indem sie Fragen stellen, diese beantworten, neue Spielmittel reichen oder sich diese reichen lassen. Auch die Anleitung eines Spiels gehört zu den Formen des Mitspielens. Und selbstredend können auch Kinder gemeinsame Spiele mit Erwachsenen initiieren oder anleiten!

Bis an diese Stelle des Buches lässt sich vermuten, dass das Spielen von Kindern wichtige Einflüsse auf das Lernen und die Entwicklung von Kindern haben muss. Die spannende pädagogische Frage danach, *was* Kinder im Spiel und durch Spielen lernen, lässt sich jedoch nur schwer beantworten, da es sich hierbei letztlich um eine Frage nach Kausalität (vgl. Sünkel 2011, S. 93 ff.) handelt – und darin liegt vermutlich auch das Kernproblem für eine in modernen Gesellschaften breit vertretene Bildungspraxis: Konkrete Effekte lassen sich als Folge des Spielens an sich, aber auch als Ergebnis bestimmter Spielformen kaum feststellen. Einen hervorragenden Einblick in dieses Problem hat ein Forschungsteam um Angeline S. Lillard gegeben – und zwar mit einer umfassenden Literaturanalyse zu Studien, die ihrerseits die Wirkungen des Fantasie- bzw. Rollenspiels auf verschiedene Dimensionen der kindlichen Entwicklung erfasst haben (vgl. Lillard et al. 2013). Solche Literatur-Reviews bzw. Metaanalysen gelten heute nicht nur in der Medizin und Gesundheitsforschung, sondern zunehmend auch in bildungs- und sozialwissenschaftlichen Disziplinen als gangbare Möglichkeit, international veröffentlichte Studien zu einer bzw. zu sehr ähnlichen Forschungsfragen zusammenzufassen und anschließend möglichst auf eine Substanz für die Beantwortung einer eigenen Forschungsfrage hin zu überprüfen. Die Frage, ob das Rollenspiel eine starke, einzigartige und beständige Wirkung auf die kindliche Entwicklung hat (Vertreter der These: Vygotsky) oder diesbezüglich zwar eher konsistent, aber nicht eindeutig ist (Vertreter der These: Smith), oder aber, ob das Rollenspiel nicht sogar bloß ein Epiphänomen ganz anderer Einflüsse ist (Vertreter der These: Piaget), lässt sich durch die gegenwärtig verfügbaren Studien nur schwer klären (vgl. Lillard et al. 2013, S. 4). Lillard und ihr Team konnten allerdings anhand von über 20 forschungsmethodisch durchaus gut abgesicherten und experimentellen Korrelationsstudien zeigen, dass die vorhandenen Erkenntnisse keine starke kausale Behauptung über die einzigartige Bedeutung des Rollenspiels für die kindliche Entwicklung stützen! Dieser für euphorische Anhängerinnen und Anhänger einer Spielpädagogik möglicherweise überraschende Befund gilt dabei u. a. für die Entwicklungsdimensionen der Kreativität, der Intelligenz, der Problemlösung und der Selbstregulation. Und selbst wenn im Fall von Rollenspielen in manchen der ausgewerteten Studien ein Einfluss auf diese und weitere Dimensionen kindlicher Entwicklung festgestellt werden konnte, so wies vieles darauf hin, dass es sich um inkonsistente Einflüsse handelte oder gar, dass das Rollenspiel nur ein Epiphänomen ganz anderer Einflüsse sein könnte (vgl. ebd.).

Wie lässt sich dies nun erklären? Es wäre zunächst denkbar, dass die *Inhalte* von Rollenspielen – und nicht die Rollenspiele an sich – Einflüsse auf die kognitive Entwicklung von Kindern haben könnten. Daneben könnten auch die *Kontexte* der Durchführung eines Rollenspiels den eigentlichen Grund für nachweisbare Einflüsse bilden, so etwa die Frage danach, ob das Rollenspiel ein von Kindern selbstgewähltes oder vielmehr von anderen Personen – Kindern wie auch Erwachsenen – angeleitetes Geschehen darstellt.[10]

Da es sich bei der Frage nach Freispiel oder angeleitetem Spiel nicht nur um einen spannenden Komplex für Forschungsfragen handelt, sondern zugleich um eine Alltagsfrage, die sich pädagogische Fachkräfte in Krippen und Kindergärten stellen, soll dieser Aspekt im Folgenden ins Zentrum gerückt werden. Wir haben es dabei sogar mit einem recht alten pädagogischen Grundproblem zu tun, das sich hier lediglich im Modus des Spiels neu zeigt: In der Pädagogik haben eine ganze Reihe so genannter ›Klassiker‹, die mit ihren überlieferten Texten den Kanon des pädagogischen Grundlagenwissens bilden (vgl. Winkler 2010), sich mit diesem Problem beschäftigt. Zwei dieser Klassiker sind Immanuel Kant (1724–1804) und Theodor Litt (1880–1962). Beide haben sich mit dem Spiel eigentlich nur randständig beschäftigt und dennoch eine zentrale Erkenntnis für die heutige spielpädagogische Forschung und Praxis festgehalten: Kant beschrieb in seinen Vorlesungen, die er in Königsberg hielt, die Grundfrage, wie man im pädagogischen Geschehen die Freiheit des Zöglings kultivieren könne, wenn dafür zugleich auch Zwang nötig sei (vgl. Kant 1923, S. 453; Helsper 2006). Litt erörterte dieses Grundproblem dann anhand der Frage, ob man Heranwachsende führen oder wachsen lassen sollte (vgl. Litt 1927/1965). Für das Kinderspiel gilt diese Frage im Besonderen: Eltern wie auch professionelle Pädagoginnen und Pädagogen stehen beim Spielen vor dem gleichen Grundproblem wie in jeder anderen Erziehungssituation.

---

10 Vor diesem Hintergrund könnte auch bedeutsam sein, wie groß die im Rollenspiel aktive Gruppe ist und in welchem persönlichen Zusammenhang sie steht (▶ Kap. 8.2).

10 Zum Abschluss: Das spielpädagogische Grundproblem

Die Frage nach dem pädagogischen Grundproblem im Spiel findet sich zudem auch in der neueren empirisch-psychologischen Forschung zum Spielverhalten von Kleinkindern. Anhand von vier weiteren Studien sollen zentrale Einsichten dieser Forschungsdimension im Folgenden skizziert werden:

Vlasta Gmitrová und Juraj Gmitrov (2003) untersuchten in einem Kindergarten in der Slowakei verschiedene Formen der Organisation von Rollenspielen unter Kindern und deren kognitive Leistungsfähigkeit. Sie beobachteten insgesamt 26 Situationen, aus denen heraus sie im Anschluss zwei Formen der ›Verwaltung‹ des Spielprozesses kategorisieren konnten: 1. ein Erzieher/innen-zentriertes Spiel mit gleichzeitiger Einbeziehung aller Kinder im Raum, in dem die Erziehungsperson eine dominierende Rolle im Bildungsprozess einnahm und das Kinderspiel lenkte; 2. ein kindzentriertes Spielen in verschiedenen kleinen Gruppen. Im Erzieher/innen-zentrierten Spiel wurde eine Spielweise ›frontal‹ vorgegeben. Die Rolle der Kinder war daher eher passiv-rezeptiv: »Children listen and respond, obeying the teacher's instructions« (ebd., S. 242). Im kindzentrierten Spiel hingegen bildeten Kinder spontan Gruppen und spielten verschiedene Spiele, je nach eigenem Interesse und ohne äußere Lenkung durch Erwachsene. Allerdings muss festgehalten werden, dass auch diese Spielform keineswegs vollständig frei von erzieherischer Vermittlung war, denn zunächst beteiligten sich auch in diesem Spiel Erzieherinnen und Erzieher, indem sie mitspielten und auch Anstöße zum selbsttätigen Spiel der Kinder gaben:

> »In our modification of pretend play in groups, the teacher actively participated in the playing process, beginning with a lesson presented to all children in the classroom concurrently. After awakening interest in the specified theme of the play, the teacher motivated children to create play groups« (ebd.).

Das Durchschnittsalter der von Gmitrová und Gmitrov beobachteten Kinder lag bei 4,6 Jahren, ihre Altersspanne reichte von drei bis sechs Jahren. Das affektive und kognitive Verhalten der Kinder wurde nach allgemein anerkannten Klassifizierungen beider Domänen (nach Bloom und nach Krathwohl) erhoben. Im Ergebnis fanden Gmitrová und Gmitrov eine signifikante Steigerung der kognitiven Manifestationen der Kinder, die nach einer Anleitung in Gruppen selbstorganisiert spielten, im Vergleich zu den Kindern, die vorrangig frontal angeleitet wurden. Das ›freie Spiel‹ ermöglichte zudem eine deutlich stärkere Balance zwischen dem affektiven und dem kognitiven Verhalten der Kinder. Um den Bildungsgehalt dieser als ›freies Spiel‹ bezeichneten Form der Beschäftigung hervorzuheben, wurde es von Gmitrová und Gmitrov als »powerful natural engine of the free play« (ebd., S. 245) beschrieben – ein Pluspunkt für das ›freie‹ (bzw. nur zeitweilig zu Beginn begleitete) Kinderspiel. Zum Begriff des *freien Spiels*, wie er in der Studie von Gmitrová und Gmitrov verwendet wird, muss jedoch eine Differenzierung vorgenommen werden: Im Grunde entkommen wir in modernen Gesellschaften gar nicht so recht dem Anspruch, dass Spielzeuge immer auch in einem gewissen Ausmaß nach ihren Eigenschaften und ihrem Nutzen für das Kind befragt werden. Versuche einer Didaktisierung von Spielen lassen sich nicht nur an expliziten Lernspielen beobachten, sondern auch an weiteren Spielmitteln, die wir aus dem Alltag kennen. Der sowjetische Kulturpsychologe Daniil Ėl'konin (1904–1984) hat dies am Beispiel der Klapper verdeutlicht: Im Gegenstand selbst sei die »Handlung des Schüttelns«, das die Klapper klappern lässt, »bereits programmiert«, d. h. es sind im Spielgegenstand bereits »bestimmte gesellschaftlich entwickelte Handlungsweisen fixiert« (Ėl'konin 1980/2010, S. 337; vgl. Sünkel 2011), auch ohne dass wir die Klapper als explizites Lernspielzeug bezeichnen würden. Zudem beobachten Kinder bereits Spielweisen bei anderen Kindern oder Erwachsenen, selbst wenn diese ein besonderes Verhalten im Umgang mit einem Spielzeug gar nicht beabsichtigten. Dies festzuhalten ist notwendig, da es im Grunde kein von Erwachsenen produziertes und Kindern zur Verfügung gestelltes Spielzeug gibt, mit dem nicht bereits Anforderungen, Wünsche, Ziele oder eben bestimmte Handlungen verbunden sind. Eine – wenigstens passive – Einflussnahme auf das

Kinderspiel ist meist unumgänglich, so dass sich rasch die Frage stellt, ob es überhaupt sinnvoll ist, vom ›freien‹ Spiel zu sprechen.[11] Blicken wir auf eine weitere Studie, die versucht hat, dieses Problem zu umgehen, indem Forscherinnen und Forscher ein Spielzeug entwickelt haben, dass es bis zum Zeitpunkt der Studie noch gar nicht gab: Elisabeth Bonawitz und ihr Team stellten sich die Frage, wie explizite Anweisungen von Erzieherinnen und Erziehern das kindliche Spielen und Lernen beeinflussen (vgl. Bonawitz et al. 2009, 2011). Sie arrangierten ein Experiment mit vierjährigen Kindern, deren Erkundungsverhalten sie im Spiel in zwei Kontexten experimentell hervorbrachten: Ein Kontext wurde als ›pädagogisch‹ bezeichnet, einer als ›nicht-pädagogisch‹. Als ›pädagogisch‹ wurde dabei das Kinderspiel in einer Kindergruppe bezeichnet, wenn vor der Erkundung eines neuen und für das Experiment gesondert hergestellten Spielzeuges eine Anleitung von Erzieherinnen und Erziehern zum Gebrauch des Gegenstands erfolgte. Hier trat somit explizite Vermittlung auf. Als ›nicht-pädagogisch‹ wurde das Kinderspiel in einer anderen Gruppe bezeichnet, in der keine explizite Vermittlung zum Umgang mit dem neuen Spielzeug vorangestellt wurde. Beide Formen des Kinderspiels – ›pädagogische‹ und ›nicht-pädagogische‹ – wurden in der empirischen Studie künstlich arrangiert, so dass die Forscherinnen und Forscher das kindliche Verhalten im Anschluss an das Zur-Verfügung-Stel-

---

[11] Selbst in Situationen ohne speziell angefertigtes Spielzeug ist die Umwelt von Kindern i. d. R. eine *kulturelle* Umwelt und kulturelle Gegenstände sind immer mit einer spez. Nutzungsart, d. h. mit einem normierten Wissen darüber, was mit ihnen getan werden kann, wozu sie funktional dienen und wie sie genutzt werden, ›aufgeladen‹ (▶ Kap. 5). Allerdings besteht in – vor allem unbeobachteten – Spielen gelegentlich die Möglichkeit, die Zuweisung solcher kultureller Bedeutungen aus der Erwachsenenwelt entgegen gesellschaftlicher Normen umzudeuten. Eine gewisse ›Freiheit‹ besteht in solchen Fällen darin, gerade das mit einem Gegenstand nicht zu tun, wofür er eigentlich vorgesehen ist.

len des neuen Spielzeugs erfassen und analysieren konnten. Die Ergebnisse bewogen Bonawitz et al., von einem ›zweischneidigen Schwert‹ der Pädagogik zu sprechen. Denn: Die Kinder in der Studie begrenzten ihr Erkundungsverhalten in ›pädagogischen‹ Kontexten, indem sie in ihrem selbsttätigen Spielverhalten vorrangig die vorgemachten Tätigkeiten imitieren. Andere Handlungen mit dem Spielzeug traten seltener auf als in der Vergleichsgruppe, die in ›nicht-pädagogischen‹ Kontexten erkunden durfte und sich dabei im entdeckenden Lernen auch noch andere kausale Zusammenhänge aneignete. Für dieses Lernen benötigte die ›nicht-pädagogische‹ Spielgruppe allerdings mehr Zeit. Das Forschungsteam kommt daher zu dem Schluss:

> »direct instruction offers a fast strategy for concept learning. However, over time, children who receive only direct instruction will be less likely to explore and discover relevant strategies, and thus less able to acquire and consolidate the relevant concepts« (Bonawitz et al. 2009, S. 5).

In einer weiteren Veröffentlichung zur gleichen Studie halten Bonawitz und ihr Team daher fest, dass die Entscheidung, wie direkte Vermittlung einerseits und Entdeckungslernen andererseits in Einklang gebracht werden können, weitgehend von der ›zu lernenden Lektion‹, sprich: vom Inhalt des Spiels, abhängt (vgl. ebd., S. 329). Zur Verwendung der Begrifflichkeiten ›pädagogisch‹ und ›nicht-pädagogisch‹ in dieser Studie bleibt allerdings anzumerken, dass es bei der Verwendung jedes irgendwie kulturell überformten Spielzeugs, erst recht bei den didaktisch konstruierten Spielmitteln, gar kein ›nicht-pädagogisches‹ Spiel geben kann. Jedes von Menschen geschaffene Spielzeug enthält bereits Ermöglichungen und Begrenzungen des Umgangs mit ihm.[12] Bälle und Kugeln kann man nicht stapeln, Würfel und Bauklötze hingegen schon. Wiederum kann man diese nicht rollen, mit Kugeln hingegen ist das Rollen möglich. Durch das Zur-Verfügung-Stellen bestimmter Spiel-

---

12 Und dies gilt selbstverständlich auch für alle empirischen Studien, in denen Kindern bestimmte Spielzeuge zur Verfügung gestellt werden.

mittel werden somit bereits bestimmte pädagogische Lernsituationen geschaffen. Auch bei keiner unmittelbar vorausgegangenen und expliziten Vermittlungstätigkeit, die die Kinder imitieren könnten, wirkt *die Auswahl des Spielzeugs* auf das Kinderspiel ein. Streng genommen lässt sich die Spielzeugauswahl auch als pädagogisches Handeln verstehen, wenngleich es von einer anderen Qualität ist als das Vormachen eines Handlungsvollzugs. Die Theoriebildung in der Erziehungswissenschaft spricht hier von einer komplexen Form pädagogischen Handelns, vom so genannten »Arrangieren« (Prange & Strobel-Eisele 2015, S. 108; vgl. Sünkel 2011, S. 88 ff.). Das pädagogische Vermitteln durch Erwachsene oder andere Kinder findet dabei vorwiegend implizit statt.

In einer weiteren Literaturstudie haben Tamara Spiewak Toub und ihre Kolleginnen (vgl. Spiewak Toub et al. 2016), ausgehend von einer Kritik an der Dichotomie von Spielen und Lernen, Einblicke herausgearbeitet, wie Spielen und direkte Instruktion denkbar sind, ohne dass Kinder den Modus des Spiels verlassen.[13] Hierfür haben die Autorinnen zwei Theorieansätze kombiniert: den des Evolutionsanthropologen Peter Gray, der – wie allerdings auch schon andere vor ihm, z. B. Johan Huizinga – davon ausgeht, dass sich Menschen kulturgeschichtlich entwickelt haben, indem sie durch selbstgesteuertes Spielen und Erforschen lernen; und den Ansatz von David Geary, der zeigt, dass heranwachsende Menschen direkte Instruktion und sprachlich begleitete Vermittlung benötigen, um biologisch sekundäre, d. h., noch nicht entwickelte Fähigkeiten zu fördern. Im Ergebnis arbeitet das Forschungsteam zahlreiche Vorteile der Kombination des freien Spiels und der direkten Instruktion heraus, durch die sozio-emotionale, kognitive und weitere Entwicklungsdimensionen gefördert werden können.

---

13 Doch selbst wenn sie diesen Modus verlassen und damit ihr Spiel unterbrechen, ist nicht selten eine ›Rückkehr‹ ins zuvor gespielte Spiel möglich. Aus Rollenspielen ist bekannt, wie Kinder aus einer Spielsituation austreten, um im Sinne einer Metakommunikation *über* das Spiel zu sprechen und z. B. Rollen auszuhandeln, und dann ins Spiel zurückkehren.

10 Zum Abschluss: Das spielpädagogische Grundproblem

Die Ergebnisse und die entsprechenden Dimensionen ließen sich ausführlich kritisieren. Spannend ist mit Blick auf das pädagogische Grundproblem im Spiel jedoch die Idee eines ›geführten Spiels‹, bei dem eine erwachsene Person das Lernen der Kinder durch ein so genanntes *scaffolding* (engl. Gerüst; gemeint sind Denkanstöße, Hilfestellungen etc.) stützt, während jedoch die von den Kindern selbst gewählte Spielhandlung beibehalten wird. In der Synthese ihrer theoretischen und durch empirische Studien unterstützten Untersuchung können Spiewak Toub und ihre Kolleginnen mit Blick auf ihre Idee eines ›guided play‹ zeigen, dass Kinder am besten lernen, wenn sie eine aktive Rolle in der Spielumgebung einnehmen, anregendes Material verwenden und zugleich in einem sozialen Kontext interagieren (vgl. ebd., S. 134).

Abschließend zu einer vierten Studie, die von Deena Weisberg et al. von der University of Pennsylvania durchgeführt wurde (vgl. Weisberg et al. 2013). Die Forscherinnen verweisen in ihrem Aufsatz auf die jahrzehntelange Forschung über stark curricularisierte Ansätze der Frühpädagogik und deren unterstützende Effekte auf den späteren Bildungserfolg von Kindern. Diese Forschungsergebnisse hätten demnach besonders starken Einfluss auf die Forderungen nach einer Implementierung von instruktiven Bildungsprogrammen in Kindergärten. Dennoch sprechen auch Weisberg und Kolleginnen sich für einen Ansatz des Kinderspiels aus, der nach ihrer Auffassung zwischen direkter Instruktion und ›freiem Spiel‹ liegt. Dieser »midway«-Ansatz präsentiere einerseits ein »learning goal« und unterstütze andererseits die Spielumgebung, »while allowing children to maintain a large degree of control over their learning« (ebd., S. 104). Anhand empirischer Studien wird von Weisberg und ihrem Team nachgewiesen, dass behutsame Ansätze angeleiteten Spiels direkte Instruktionen übertreffen. Die Forscherinnen begründen dies damit, dass spieldidaktische Ansätze effektiv seien, da sie Lernsituationen für Kinder schaffen und diese ermutigen, aktive und engagierte Partner ihres eigenen Lernprozesses zu werden (vgl. ebd.). Angeleitete Spiele, die allerdings von direktiven und instruktiven Vermittlungen deutlich unterschieden werden und die Kindern zugleich Raum zur Exploration geben, sind in dieser Studie somit als vorteilhaft für den kindlichen Bildungsprozess gekennzeichnet worden. Zu einem ähnlichen Ergebnis kommt auch ein Forschungsteam von Sonja Perren in einer Studie, in der die Effekte einer behutsamen Unterstützung von kindlichen Rollenspielen (play tutoring) untersucht wurden (vgl. Perren et al. 2019). Auf Basis der Ergebnisse wird geschlussfolgert, dass diese Form der Spielpflege auf die Bedürfnisse der Kinder zugeschnitten sein muss.

Blickt man auf die hier genannten Studien, so fällt zum einen die Kontinuität der Debatte auf, vor allem dann, wenn es um geeignete Formen des Kinderspiels geht. Da die zentrale Lebens- und Handlungsform von Kleinkindern das Spielen ist, bedarf es zur angemessenen Behandlung der Kinder folglich einer Spielpädagogik. Diese schließt allerdings keineswegs aus, dass Spiele begleitet bzw. angeleitet werden. Zu berücksichtigen sind hierbei jedoch mögliche Effekte, die sich von einem wenig beeinflussten, eher arrangierten und dadurch stärker durch Kinder selbst gesteuerten Spiel unterscheiden. Das in der angloamerikanischen Spielforschung viel diskutierte ›playful learning‹ changiert zwischen diesen Ansätzen des ›free play‹ und des ›guided play‹ (vgl. Hopkins et al. 2019).

Es mag nun sein, dass das ein oder andere Ergebnis der hier präsentierten empirischen Studien auf ein zu enges oder zu weites Studiendesign zurückzuführen ist. In grundlegender Hinsicht jedoch verweisen die Studien allesamt auf das dialektische Verhältnis pädagogischen Handelns, das letztlich durch die »Antinomien der Moderne« (Helsper 2006, S. 15) gekennzeichnet ist. Es gibt ›freie‹ und ›gebundene‹ Kinderspiele und die zentrale Frage für die praktische Spielpädagogik liegt dabei nicht im ›Entweder-Oder‹, sondern im ›Sowohl als auch‹ (vgl. Sauerbrey 2013). Damit das Phänomen des pädagogischen Kinderspiels überhaupt geschieht, bedarf es sowohl der Aneignungstätigkeit der Kinder als auch der Vermittlungstätigkeit anderer Menschen. Diese Vermittlungstätigkeit, die das Kinderspiel beeinflusst, spannt sich jedoch in einer weiten Palette an Möglichkeiten auf, die von der bloßen

10 Zum Abschluss: Das spielpädagogische Grundproblem

›Gabe‹ von Spielmitteln über das interaktiv begleitete Spiel bis hin zur angeleiteten Vermittlung im Spiel reicht. Allerdings müssen in der Theoriearbeit erst einmal die spezifischen Formen angeleiteten Spiels differenziert werden – und an dieser Stelle steckt die Pädagogik der frühen Kindheit als wissenschaftliche Disziplin noch in ihren Kinderschuhen.

In der Gesamtschau zeigt sich zumindest, dass wir es aus Sicht der Handlungen von Eltern sowie Pädagoginnen und Pädagogen im Kinderspiel *nicht nur mit zwei Handlungsformen* zu tun haben. Bereits die angeleiteten Spiele selbst nehmen in der Praxis höchst unterschiedliche Formen an. Es ist inzwischen auch in der internationalen Forschung wiederholt darauf hingewiesen worden, dass das »teaching« im Kontext der Spielunterstützung in frühpädagogischen Einrichtungen keineswegs mit »instruction« (wie wir sie aus schulischen Kontexten kennen) verwechselt werden darf (vgl. Pramling et al. 2019, S. 176).[14] Im renommierten »Oxford Handbook of the Development of Play« (vgl. Pellegrini 2011) wird daher angemerkt, dass die künftige Spielforschung sich auf die spezifischen Elemente etwa von »guided play, directed play, and direct instruction« konzentrieren sollte, um gemeinsame, aber auch Unterscheidungsmerkmale und jeweilige Effekte dieser Spielformen auf das kindliche Lernen erforschen zu können (vgl. Fisher et al. 2011, S. 353). Auf die Ergebnisse dieser Studien dürfen wir in jedem Fall gespannt sein.[15]

Eines jedoch sollte deutlich geworden sein: Vollständig planbar sind Kinderspiele niemals, denn der Spielverlauf bleibt – besonders im Falle von Gruppenspielen samt ihrer Dynamik – weitgehend

---

14 Vor diesem Hintergrund wird inzwischen sogar an einer *spiel-responsiven Didaktik* gearbeitet, die es ermöglichen soll, Spiele zu unterstützen, ohne das Spielen in den Modus schulunterrichtlichen Lernens zu überführen (vgl. Pramling et al. 2019).

15 Denkbar wäre auch, die beiläufigen und nicht-intendierten Anleitungen im Alltag näher zu untersuchen, die Kinder im Sinne eines Modelllernens wahrnehmen und im eigenen Spiel dann präsentieren.

unvorhersehbar. Kinderspiele erfordern trotz aller Schematisierungsversuche zu den Tätigkeiten von Kindern und Erwachsenen sowie der Spielinhalte immer ein behutsames und kunstvolles pädagogisches Handeln.

Ein Nachwort – um der Aufgabe willen

Johanna Hopfner

Das vorliegende Buch stellt sich der Aufgabe, zum Transfer von grundlegendem Wissen über das Spielen beizutragen, um Eltern und Erzieher_innen in den unterschiedlichen pädagogischen Handlungsfeldern der frühkindlichen Erziehung mit wichtigen Anhaltspunkten für eigene Reflexionen ihrer Praxis zur Seite zu stehen. Das ist dringend erforderlich und sogar geboten. Denn das Spielen gehört nicht mehr einfach zu den selbstverständlich anerkannten Beschäftigungen von Kleinkindern. Inzwischen zweifeln selbst Vertreter_innen des Faches Erziehungswissenschaft in angesehenen internationalen Institutionen wie der OECD den Stellenwert und die Bedeutung des Spiels für die Entwicklung der Kinder an. Manche klagen massiv gesteigerte Anforderungen an das kindliche Lernvermögen ein. Sprachen, Mathematik, soziale und emotionale Kompetenzen lassen sich offenbar nicht früh genug erlernen. Unterstellt wird dabei stets ein unvereinbarer Gegensatz zwischen Spielen und Lernen. Der Autor des Buches wirkt dem aufklärend entgegen, ohne umgekehrt eine romantisierende Vorstellung des kindlichen Spiels zu propagieren.

Spielen ist eine Tätigkeit, die sich zwar auch bei jungen Lebewesen anderer Gattungen beobachten lässt, aber nur die menschliche Gattung zeichnet sich dadurch wesentlich und existenziell aus. Im Zuge ihrer kulturellen Evolution nutzt und entdeckt sie sozusagen neue Spielräume, weil sie sich offen zu den Resultaten, Mitteln und Wegen ihrer Tätigkeiten stellen kann (vgl. Sünkel 2011, S. 20 f.). So schlägt der spielerische Umgang mit den Gegenständen aus Natur und Umwelt des alltäglichen Lebens seit jeher entweder ganz zufällig oder gezielt und geplant in ernsthafte Veränderungen und Weiterentwicklungen der kulturellen Lebensbedingungen um. Wenn man so will, besitzen und betätigen die Neuankömmlinge die Kompetenz zum Spielen von Anfang an. Es liegt also nahe, das Verständnis und die maßgebliche Bedeutung von Spielen zu präzisieren und anschließend aufzufächern. Beides gelingt Sauerbrey geradezu vorbildlich, indem er sich einerseits auf die Tätigkeit des Spielens selbst, andererseits auf die kulturelle Vergegenständlichung des Spielens einlässt. Die sprachliche Unterscheidung zwischen *Play* und *Game* aus dem Englischen kommt ihm in einem ersten Schritt entgegen. Auf Fröbel greift er aufgrund seiner eigenen bemerkenswerten Studien zu diesem Klassiker souverän zurück. Dieser erkannte die unschätzbare Bedeutung des Spiels und machte es mit der Entwicklung seiner speziellen Spielgaben zum elementaren Mittel, mit dem sich das Kind die Welt erschließen und sich zugleich selbst für die Welt aufgeschlossen zeigen kann. Die spontane – triebartige – Tätigkeit des Spielens verlangt und ermöglicht zugleich eine besondere Art der Pflege. Die Spielpflege entwickelte Fröbel geradezu anwendungsorientiert bis ins Detail und mit einer beinahe prophetischen Klarheit. Für die Verbindung von Spracherlernung und Motorik in seinen von Gesang begleiteten Fingerspielen finden sich erst jetzt, Jahrhunderte später, die neurowissenschaftlichen Grundlagen und Beweise. Sauerbrey erinnert mit Fug und Recht an diese Entdeckungen, auch und gerade im Blick auf jene eingangs erwähnten, reichlich aufgeblasenen Ansprüche, die etwa GERM (Global Education Reform Movement – in Österreich ist *Germ* die Bezeichnung für Hefe) an das Spiel bzw. an eine umfassende Zurückdrängung stellt.

Die systematisierende Darstellung der unterschiedlichen Arten von Spielen unterstreicht deren Funktion und Bedeutung für die Kleinkinder und zeigt zugleich auf, in welcher Vielfalt und auf welche Weise die einzelnen Spielarten verknüpft sind oder sich von den Kindern selbst verknüpfen lassen. Zusammen mit dem gedanklichen Ausflug in die phänomenologische Betrachtung der Gegenstände und ihren Aufforderungscharakter, ergeben sich für die Praxis aufgeklärte Einsichten in die Kreativität des kindlichen Spiels und pädagogische Handlungsoptionen, die es verstehen, Spielzeuge/Spielmittel behutsam und bewusst einzusetzen oder so zu arrangieren, dass Aneignungstätigkeit im fließenden Übergang zwischen Spielen und Lernen provoziert und ermöglicht wird.

Die unterschiedlichen Spielorte – zu Hause, im Freien, in den pädagogischen Institutionen (Krippe und Kindergarten) und nicht zuletzt in den digitalen Medien – erfasst Sauerbrey mit Blick auf die Ergebnisse aus früheren und aktuellen empirischen Studien sowie auf einschlägige Passagen aus den Bildungsplänen verschiedener Bundesländern. Neben einer differenzierten Bestandsaufnahme der Eignung und Bedeutung der verschiedenen Orte werden so auch die Leerstellen sichtbar, die zu weiteren empirischen Studien oder zu kritischen Metaanalysen veranlassen. Die praktisch Tätigen dürften diese Informationen in mancher Hinsicht entlasten, weil sie zeigen, wie einfallsreich Kinder ihre Umgebung selbst gestalten und für ihre Spiele nutzen. Sie zeigen auch, wie wenig konkret und heterogen die Vorstellungen von der Verbindung zwischen Spielen und Lernen in den Bildungsplänen tatsächlich noch sind. Die gängigen Einwände die exzessive Nutzung digitaler Medien durch Kinder und Jugendliche betreffend (notorischer Bewegungsmangel und kaum noch Spiele im Freien) sind sicherlich korrekturbedürftig und noch genauer zu untersuchen. Die Warnung, den Einsatz der digitalen Medien insbesondere in den ersten beiden Lebensjahren der Kinder sehr sorgsam zu handhaben, mag ebenfalls zutreffen. Allerdings haben die Medien inzwischen in der Elterngeneration eine solche Verbreitung und auch an Reiz gewonnen, dass schon ein beachtliches Maß an Selbstdisziplin erforderlich ist, um diesen Attraktionen andere sinnvolle Tätigkeiten entgegenzusetzen und vor allem sich ausschließlich darauf zu konzentrieren. Das Smartphone zieht stets fast automatisch die Aufmerksamkeit der Erwachsenen auf sich und ist damit wichtiger als das, womit man sich gerade gemeinsam mit dem Kind beschäftigt – ein Spiel oder ein Bilderbuch. Angesichts dieser erwachsenen »Aufmerksamkeitsdefizitkultur« (Türcke 2012) ist den Kindern jedenfalls kein Vorwurf zu machen. Doch genau dies geschieht. Da bescheinigt man den Kindern lieber eine »Aufmerksamkeitsdefizit-/Hyperaktivitätsstörung« (ADHS), als über die Gründe nachzudenken. Ferner wäre die Mediennutzung auch und gerade im Kontext der Corona-Pandemie gründlich zu reflektieren, deswegen mag ich den Optimismus und die altersabhängige Unbedenklichkeitserklärung des Autors so nicht teilen.

Im abschließenden Kapitel beleuchtet Sauerbrey die »pädagogisch-didaktische Inanspruchnahme des Spiels« und reflektiert sowohl die Möglichkeiten und Grenzen der kindlichen Spiele entlang relativ ernüchternder empirischer Ergebnisse, welche u. a. die Effekte von Rollenspielen und künstlichen Arrangements betreffen. Der berühmte Mittelweg zwischen Instruktion und freiem Spiel der Kinder fächert sich in unterschiedliche Facetten auf, die »von der bloßen ›Gabe‹ von Spielmitteln [...] bis hin zur angeleiteten Vermittlung im Spiel« reichen. »Wirkliche Erziehung hat immer die ganze Welt des Lebens«, in die Kinder hineinwachsen, »zur Grundlage und Voraussetzung« (Sünkel 2011, S. 127). Die Aufgabe der pädagogisch Tätigen ist es weder, das Lernen in Spiel zu verwandeln noch alles Spielen im Lernen aufgehen zu lassen oder das

Spiel endgültig den kommerzialisierten digitalen Medien zu opfern. Die Aufgabe ist heute vielleicht sogar mehr denn je, im Vertrauen auf die dialektische Bezogenheit der eigenständigen Tätigkeiten für Kinder, Jugendliche und Erwachsene jene Freiräume und Bedingungen zu schaffen, die jedem und jeder Einzelnen zuträglich ist – dem Spielen, Lernen, Arbeiten und Feiern. Damit erweitern sich die Handlungsmöglichkeiten der Subjekte tatsächlich und darüber vermittelt auch die kulturellen Gestaltungsspielräume der Gesellschaften. Die »größte, wichtigste und nützlichste Regel jeglicher Erziehung [...] heißt: Zeit verlieren und nicht Zeit gewinnen« (Rousseau 1762/1963, S. 212).

In diesem Sinne sind dem Buch viele Leser_innen zu wünschen, die Zeit in seiner Lektüre verlieren und Einsichten in unsere Zeit gewinnen.

Literaturnachweise

Andresen, H. (2002): Interaktion, Sprache und Spiel. Zur Funktion des Rollenspiels für die Sprachentwicklung im Vorschulalter. Tübingen: Narr.

Arnott, L., Palaiologou, I. & Gray, C. (2019): Digital and multimodal childhoods: Exploration of spaces and places from pedagogy and practice. In: Global Studies of Childhood 9(4), S. 271–274. DOI: 10.1177/2043610619885464

Behnken, I. & Zinnecker, J. (1987): Vom Straßenkind zum verhäuslichten Kind. Zur Modernisierung städtischer Kindheit 1900–1980. In: Sozialwissenschaftliche Information 2, S. 87–96.

Berk, L. E. (2011): Entwicklungspsychologie. München: Pearson.

Bilstein, J., Winzen, M. & Wulf, C. (2005): Einleitung. In: Bilstein, J., Winzen, M., Wulf, C. (Hrsg.): Anthropologie und Pädagogik des Spiels. Weinheim, Basel: Beltz.

Blinkert, B. (1993): Aktionsräume von Kindern in der Stadt. Eine Untersuchung im Auftrag der Stadt Freiburg (Freiburger Kinderstudie). Pfaffenweiler: Centaurus.

Blinkert, B., Höfflin, P., Schmider, A. & Spiegel, J. (2015): Raum für Kinderspiel! Eine Studie im Auftrag des Deutschen Kinderhilfswerkes über Aktionsräume von Kindern in Ludwigsburg, Offenburg, Pforzheim, Schwäbisch Hall und Sindelfingen. Berlin u. a.: LIT.

Blumenbach, J. F. (1781): Über den Bildungstrieb und das Zeugungsgeschäfte, Göttingen: Dieterich.

Bonawitz, E., Shafto, P., Gweon, H., Chang, I., Katz, S. & Schulz, L. (2009): The Double-Edged Sword of Pedagogy: Modeling the Effect of Pedagogical Contexts on Preschoolers Exploratory Play. In: Proceedings of the Thirty-first Cognitive Science Society. Online unter: https://cocosci.princeton.edu/Liz/BonawitzShaftoetalRevised.pdf [Abruf am 13.03.2020].

Bonawitz, E., Shafto, P., Gweon, H., Goodman, N. D., Spelke, E. & Schulz, L. (2011): The Double-edged Sword of Pedagogy: Instruction limits spontaneous exploration and discovery. In: Cognition 120(3), S. 322–330.

Brand, D. & Fuhs, B. (2013): Kinder bis 10 Jahre. In: Deinet, U. & Sturzenhecker, B. (Hrsg.): Handbuch Offene Kinder- und Jugendarbeit, Wiesbaden: VS Verlag für Sozialwissenschaften, S. 91–99. DOI: 10.1007/978-3-531-18921-5

Buchner-Fuhs, J. (1998): Das Kinderzimmer. In: Büchner, P., Bois-Reymond, M., Ecarius, J., Fuhs, B. & Krüger, H.-H. (Hrsg.): Teenie-Welten. Aufwachsen in drei europäischen Regionen. Wiesbaden: VS, S. 147–178. DOI: 10.1007/978-3-322-95130-4

Büsching, U. & Riedel, R. (2017): BLIKK-Medien: Kinder und Jugendliche im Umgang mit elektronischen Medien (Abschlussbericht). Online unter: https://www.bundesgesundheitsministerium.de/fileadmin/Dateien/5_Publikationen/Praevention/Berichte/Abschlussbericht_BLIKK_Medien.pdf [Zugriff am 7.4.2020].

Danner, H. (2006): Methoden geisteswissenschaftlicher Pädagogik. Einführung in Hermeneutik, Phänomenologie und Dialektik. 5., überarb. und erw. Auflage. München: Reinhardt.

Dinkel, D., Snyder, K., Patterson, T., Warehime, S., Kuhn, M. & Wisneski, D. (2019): An exploration of infant and toddler unstructured outdoor play. In: European Early Childhood Education Research Journal, 27(2), S. 257–271. DOI: 10.1080/1350293X.2019.1579550

Dollase, R. (2015): Gruppen im Elementarbereich. Stuttgart: Kohlhammer.

Einsiedler, W. (1999): Das Spiel der Kinder. Zur Pädagogik und Psychologie des Kinderspiels. Bad Heilbrunn/Obb.: Klinkhardt.

Eisler, R. (1904): Wörterbuch der philosophischen Begriffe, Bd. 1. A–N. Berlin: Mittler.

Él'konin, D. B. (1980/2010): Die Psychologie des Spiels. Hrsg. v. B. Siebert und G. Rückriem. Berlin: Lehmanns Media.

Fisher, K., Hirsh-Pasek, K., Golinkoff, R. M., Singer, D. G. & Berk, L. (2011): Playing Around in School: Implications for Learning and Educational Policy. In: Pellegrini, A. D. (Hrsg.): The Oxford Handbook of the Development of Play, New York u. a.: Oxford University Press, S. 341–361.

Flitner, A. (1988): Soziales Lernen – Rollenspiel. In: Flitner, A. (Hrsg.): Das Kinderspiel. Texte. 5. Auflage, S. 156–158. München: Piper.

Flitner, A. (1996): Spielen – Lernen. Praxis und Deutung des Kinderspiels. München, Zürich: Piper.

Fölling-Albers, M. (2001): Veränderte Kindheit – revisited. Konzepte und Ergebnisse sozialwissenschaftlicher Kindheitsforschung der vergangenen 20 Jahre. In: Fölling-Albers, M., Richter, S., Brügelmann, H. & Speck-Hamadan, A. (Hrsg.): Jahrbuch Grundschule. Fragen der Praxis, Befunde der Forschung. Seelze: Kallmeyersche Verlagsbuchhandlung, S. 10–51.

Fölling-Albers, M. & Hopf, A. (1995): Auf dem Weg vom Kleinkind zum Schulkind. Eine Langzeitstudie zum Aufwachsen in verschiedenen Lebensräumen. Wiesbaden: VS Verlag für Sozialwissenschaften. DOI: 10.1007/978-3-322-99892-7

Friedl, I. (2015): Alte Kinderspiele – einst und jetzt. Köln u. a.: Böhlau.

Fritz, J. (2004): Das Spiel verstehen. Eine Einführung in Theorie und Bedeutung. Weinheim u. a.: Juventa.

Fröbel, F. (1826/1982): Die Menschenerziehung. Ausgewählte Werke. Bd. 2. Stuttgart: Klett-Cotta.

Fröbel, F. (1844/1982): Kommt laßt uns unsern Kindern leben. Friedrich Fröbels Mutter- und Koselieder, Bad Neustadt a. d. Saale: Mitteldeutsche Verlagsgesellschaft.

Fröhlich-Gildhoff & K., Fröhlich-Gildhoff, M. (2017): Digitale Medien in der Kita – die Risiken werden unterschätzt! In: Frühe Bildung 6(4), S. 225–232.

Fthenakis, W., Berwanger, D. & Reichert-Garschhammer, E. (2014): Bildung von Anfang an. Bildungs- und Erziehungsplan für Kinder von 0 bis 10 Jahren in Hessen. 6. Auflage. Wiesbaden: Hessisches Ministerium für Soziales und Integration und Hessisches Kultusministerium.

Fuhs, B. (2002): Kindheit, Freizeit, Medien. In: Krüger, H.-H. & Grunert, C. (Hrsg.): Handbuch Kindheits- und Jugendforschung. Opladen: Leske + Budrich, S. 637–651.

Gmitrová, V. & Gmitrov, J. (2003): The Impact of Teacher-Directed and Child-Directed Pretend Play on Cognitive Competence in Kindergarten Children. In: Early Childhood Education Journal 30(4), S. 241–246.

Grell, F. (2013): Frühkindliche Bildung in historischer Perspektive. In: Stamm, M., Edelmann, D. (Hrsg.): Handbuch frühkindliche Bildungsforschung. Wiesbaden: Springer VS, S. 147–164. DOI: 10.1007/978-3-531-19066-2

Groos, K. (1896): Die Spiele der Thiere. Jena: Fischer.

Hahn, D., Hanke, K., Hofmann, H., Kamp, U., Krüger, T., Neumann, C. & Ohlmeier, N. (2020): Kinderreport Deutschland 2020. Rechte von Kindern in Deutschland: Die Bedeutung des Draußenspielens für Kinder. Berlin: Deutsches Kinderhilfswerk.

Hauser, B. (2013): Spielen. Frühes Lernen in Familie, Krippe und Kindergarten. Stuttgart: Kohlhammer.

Heiland, H. (1982): Fröbel. In Selbstzeugnissen und Bilddokumenten. Reinbek bei Hamburg: Rowohlt.

Heiland, H. (1989): Die aktuelle Bedeutung der Spielmaterialien Friedrich Fröbels (1987). In: Heiland, H. (Hrsg.): Die Pädagogik Friedrich Fröbels. Aufsätze zur Fröbelforschung 1969–1989, Hildesheim u. a.: Olms, S. 91–99.

Heiland, H. (1998): Die Spielpädagogik Friedrich Fröbels, Hildesheim/New York: Königshausen & Neumann.

Helsper, W. (2006): Pädagogisches Handeln in den Antinomien der Moderne. In: Krüger, H.-H. & Helsper, W. (Hrsg.): Einführung in Grundbegriffe und Grundfragen der Erziehungswissenschaft. 7. Auflage. Opladen & Farmington Hills: Barbara Budrich, S. 15–34.

Literaturnachweise

Höffer-Mehlmer, M. (2003): Elternratgeber: zur Geschichte eines Genres. Baltmannsweiler: Schneider-Verlag Hohengehren.

Höhne, T. (2016): Spiel als sinnlich-ästhetischer Weltzugang. Friedrich Fröbels Spielpädagogik als Praxis Ästhetischer Bildung. In: Zirfas, J., Lohwasser, D., Burghardt, D., Klepacki, L. & Höhne, T. (Hrsg.): Geschichte der ästhetischen Bildung. Bd. 3: Neuzeit. Teilbd. 2: Klassik und Romantik. Paderborn: Schöningh, S. 175–188.

Holloway, D., Green, L. & Livingstone, S. (2013): Zero to Eight. Young children and their internet use, London: EU Kids Online.

Hopkins, E., Toub, T., Hassinger-Das, B., Golinkoff, R. & Hirsh-Pasek, K. (2019): Playing for the future: redefining early childhood education. In: Whitebread, D., Grau, V. & Kumpulainen, K. (Hrsg.): The SAGE handbook of developmental psychology and early childhood education. London: SAGE, S. 239–256.

Hünersdorf, B. (2015): Spiel-Plätze in der Stadt. Sozialraumanalytische, kindheits- und sozialpädagogische Perspektiven. In: Hünersdorf, B. (Hrsg.): Spiel-Plätze in der Stadt. Sozialraumanalytische, kindheits- und sozialpädagogische Perspektiven. Baltmannsweiler: Schneider Verlag Hohengehren, S. 3–16.

Hungerland, B. (2015): Die Lebensraumstudie von Martha Muchow und ihre Bedeutung für die Kindheitsforschung. In: Hünersdorf, B. (Hrsg.): Spiel-Plätze in der Stadt. Sozialraumanalytische, kindheits- und sozialpädagogische Perspektiven. Baltmannsweiler: Schneider Verlag Hohengehren, S. 17–34.

Hüther, J. (2005): Neue Medien. In: Hüther, J. & Schorb, B. (Hrsg.): Grundbegriffe Medienpädagogik. 5. Auflage. München: kopaed.

JMK/KMK - Jugendministerkonferenz/Kultusministerkonferenz (2004): Gemeinsamer Rahmen der Länder für die frühe Bildung in Kindertageseinrichtungen, o. O.: o. V.

Kaiser, L. S. & Spieß, J. (2013): Didaktik von Gruppenprozessen – Wie Kinder in Gruppen lernen. In: Neuß, N. (Hrsg.): Grundwissen Didaktik für Krippe und Kindergarten, Berlin: Cornelsen, S. 45–57.

Kant, I. (1923): Kant's gesammelte Schriften. Hrsg. v. der Königlich Preußischen Akademie der Wissenschaften. Bd. 9. Logik, Physische Geographie, Pädagogik. Berlin: de Gruyter.

Knauf, H. (2017): Die International Early Learning and Child Well-being Study (IELS). In: Frühe Bildung 6(4), S. 238–243. DOI: 10.1026/2191-9186/a000350

Knauf, H. (2018): Die Nutzung digitaler Medien in der Kita entdramatisieren. Replik auf den Beitrag von Fröhlich-Gildhoff und Fröhlich-Gildhoff. In: Frühe Bildung 7(2), S. 114–118.

Knechtel, E. (1999): Die Mutter- und Koselieder Friedrich Fröbels – eine Erziehungskonzeption für das Kleinkind. In: Heiland, H., Neumann, K. & Gebel, M. (Hrsg.): Friedrich Fröbel. Aspekte international vergleichender Historiografie. Weinheim: Deutscher Studien-Verlag, S. 102–111.

Korczak, J. (1999): Wie liebt man ein Kind. Sämtliche Werke. Bd. 4. Gütersloh: Gütersloher Verlagshaus.

Kuhl, K. P., Tsao, F.-M. & Liu, H.-M. (2003): Foreign-language experience in infancy: Effects of short-term exposure and social interaction on phonetic learning. In: PNAS 100(15), S. 9096–9101. DOI: 10.1073/pnas.1532872100

Lamm, B. & Keller, H. (2010): Kinder erziehen Kinder – die Rolle von Peers im Kulturvergleich. In: Hammes-Di Bernado, E. & Speck-Hamdan, A. (Hrsg.): Kinder brauchen Kinder. Gleichaltrige – Gruppe – Gemeinschaft. Weimar: Verlag das Netz, S. 25–35.

Lampert, T., Mensink, G., Romahn, N. & Woll, A. (2007): Körperlich-sportliche Aktivität von Kindern und Jugendlichen in Deutschland. Ergebnisse des Kinder- und Jugendgesundheitssurveys (KiGGS). In: Bundesgesundheitsblatt – Gesundheitsforschung – Gesundheitsschutz 50. S. 634–664.

Langeveld, M. J. (1968): Das Ding in der Welt des Kindes. In: Langeveld, M. J. (Hrsg.): Studien zur Anthropologie des Kindes. 3., durchges. und erg. Auflage. Tübingen: Niemeyer, S. 142–156.

Lehrl, S. (2013): Die häusliche Lernumwelt im Vorschulalter – wie Eltern die kindliche Kompetenzentwicklung unterstützen. In: Faust, G. (Hrsg.): Einschulung. Ergebnisse aus der Studie »Bildungsprozesse, Kompetenzentwicklung und Selektionsentscheidungen im Vorschul- und Schulalter (BiKS)«. Münster, München u. a.: Waxmann, S. 51–67.

Liegle, L. (2012): Perspektiven einer frühpädagogischen Didaktik der indirekten Erziehung. Fröbel revisited. In: Neumann, K., Sauerbrey, U. & Winkler, M. (Hrsg.): Fröbelpädagogik im Kontext der Praxis. Bad Berka: Thillm, S. 10–20.

Liegle, L. (2017): Beziehungspädagogik. Erziehung, Lehren und Lernen als Beziehungspraxis. Stuttgart: Kohlhammer.

Lillard, A. S., Lerner, M. D., Hopkins, E. J., Dore, R. A., Smith, E. D. & Palmquist, C. M. (2013): The impact of pretend play on children's development: A review of the evidence. Psychological Bulletin, 139(1), S. 1–34. DOI: 10.1037/a0029321

Lippitz, W. (1984): Exemplarische Deskription. Die Bedeutung der Phaenomenologie für die erziehungswissenschaftliche Forschung. In: Pädagogische Rundschau 38, Sonderheft, S. 3–22.

Litt, T. (1927/1965): Führen oder Wachsenlassen. Eine Erörterung des pädagogischen Grundproblems. Stuttgart: Klett.

Literaturnachweise

Lohmann, I. (2014): Bildung am Ende der Moderne. Beiträge zur Kritik der Privatisierung des Bildungswesens. URN: urn:nbn:de:0111-opus-94767

Ludwig, P. (2000): Einwirkung als unverzichtbares Konzept jeglichen erzieherischen Handelns. Zeitschrift für Pädagogik, 46(4), S. 585–600.

Mall, V. & Paulus, F. W. (2018): Elektronische Medien und frühe Kindheit. In: Pädiatrie up2date 13(2), S. 119–134. DOI: 10.1055/s-0043-115286

MBWK – Ministerium für Bildung, Wissenschaft und Kultur Mecklenburg-Vorpommern (Hrsg.) (2011): Bildungskonzeption für 0- bis 10jährige Kinder in Mecklenburg-Vorpommern. Zur Arbeit in Kindertageseinrichtungen und Kindertagespflege. Online unter: www.bildung-mv.de/export/sites/lisa/de/ Fruehkindliche_Bildung/Bildungskonzeption_fuer_0-_bis_10-jaehrige_Kinder _in_M-V/Endfassung_Bildungskonzeption_0bis10jaehrige_NEU_opt.pdf [Abruf am 13.5.2020].

Mead, G. H. (1934): Mind, self & society. From the standpoint of a social behaviorist. Chicago: University Press.

Mead, G. H. (1968/2017): Geist, Identität und Gesellschaft. Aus der Sicht des Sozialbehaviorismus. Frankfurt a. M.: Suhrkamp.

Meuth, M. (Hrsg.) (2017): Wohn-Räume und pädagogische Orte: Erziehungswissenschaftliche Zugänge zum Wohnen. Wiesbaden: Springer VS. DOI: 10.1007/978-3-658-15805-7

Meyer, S. (2020): Bildungspläne – ein integrativer Zugang zu Dokumenten und Diskursen. In: Fallarchiv Kindheitspädagogische Forschung (Hrsg.): Online-Zeitschrift zu Qualitativen Methoden in Forschung und Lehre 3(1). DOI: 10.18442/092

Mietzel, G. (2002): Wege in die Entwicklungspsychologie. Kindheit und Jugend. Weinheim: Beltz PVU.

MPFS – Medienpädagogischer Forschungsverbund Südwest (2014): mini-KIM 2014. Kleinkinder und Medien. Basisuntersuchung zum Medienumgang 2- bis 5-Jähriger. Online unter: https://www.mpfs.de/fileadmin/files/Studien /miniKIM/2014/Studie/miniKIM_Studie_2014.pdf [Abruf 27.8.2019].

Muchow, M. & Muchow, H. (2012): Der Lebensraum des Großstadtkindes. Hrsg. v. Imbke Behnken und Michael-Sebastian Honig (Neuausgabe). Weinheim u. a.: Beltz Juventa.

Mühleis, V. & Sternagel, J. (2019): Die Gegenstände unserer Kindheit. Denkerinnen und Denker über ihr liebstes Objekt. Paderborn: Wilhelm Fink.

Müller, H.-R. (2013): Familienerziehung und Familienkultur. In: Stamm, M. & Edelmann, D. (Hrsg.): Handbuch frühkindliche Bildungsforschung. Wiesbaden: Springer VS, S. 391–406.

Müller, H.-R. & Krinninger, D. (2016): Familienstile. Eine pädagogisch-ethnographische Studie zur Familienerziehung. Weinheim: Beltz Juventa.

Münch, R. (2018): Der bildungsindustrielle Komplex. Schule und Unterricht im Wettbewerbsstaat. Weinheim: Beltz.

Nentwig-Gesemann, I., Walther, B., Bakels, E. & Munk, L.-M. (2019): Achtung Kinderperspektiven! Mit Kindern KiTa-Qualität entwickeln – Begleitbroschüre. Gütersloh: Bertelsmann Stiftung. DOI: 10.11586/2019047

Neuß, N. (2017): Tablets in Kinderhänden? Digitale Medienbildung in Kitas. In: Frühe Bildung 6(4), S. 228–230.

Nissen, U. (1992): Raum und Zeit in der Nachmittagsgestaltung von Kindern. In: Deutsches Jugendinstitut (Hrsg.): Was tun Kinder am Nachmittag? München: Verlag DJI, S. 127–170.

Nussbaum, M. C. (2018): Gerechtigkeit oder Das gute Leben. Frankfurt a. M.: Suhrkamp.

OECD – Organisation for Economic Co-operation and Development (2018): Early Learning Matters. o. O.: OECD.

Oerter, R. (2008): Kindheit. In: Oerter, R. & Montada, L. (Hrsg.): Entwicklungspsychologie. Weinheim u. a.: Beltz PVU, S. 209–257.

Oerter, R. (2011): Psychologie des Spiels. Ein handlungstheoretischer Ansatz. Weinheim u. a.: Beltz.

Papoušek, H. (2003): Spiel in der Wiege der Menschheit. In: Papoušek, M. & Gontard, A. von (Hrsg.): Spiel und Kreativität in der frühen Kindheit. Stuttgart: Klett Cotta, S. 17–55.

Pellegrini, A. D. (Hrsg.) (2011): The Oxford Handbook of the Development of Play, New York u. a.: Oxford University Press.

Perren, S., Sticca, F., Weiss-Hanselmann, B. & Burkhardt Bossi, C. (2019): Let us play together! Can play tutoring stimulate children's social pretend play level? In: Journal of Early Childhood Research 17(3), S. 205–219.

Perren, S., Weiss, B., Jaggy, A.-K. & Burkhardt Bossi, C. (2018): Kindliche Entwicklungsprozesse an »geheimen Orten«. In: Pannier, V. & Karwinkel, S. (Hrsg.): Was Kinder wollen und warum wir darauf hören sollten. Argumente und Anregungen für eine kindorientierte frühe Bildung. Weimar: Verlag das netz, S. 67–69.

Pramling, N., Wallerstedt, C., Lagerlöf, P., Björklund, C., Kultti, A., Palmér, H., Magnusson, M., Thulin, S., Jonsson, A. & Pramling Samuelsson, I. (2019): Play-Responsive Teaching in Early Childhood Education. Cham: Springer. DOI: 10.1007/978-3-030-15958-0

Prange, K. & Strobel-Eisele, G. (2015): Die Formen des pädagogischen Handelns. Eine Einführung. Stuttgart: Kohlhammer.

Reichert-Garschhammer, E. (2007): Medienbildung als Aufgabe von Tageseinrichtungen für Kinder bis zur Einschulung. Rückschau – aktueller Stellenwert – Vorschau. In: Theunert, H. (Hrsg.): Medienkinder von Geburt an.

Medienaneignung in den ersten sechs Lebensjahren. München: kopaed, S. 79–90.

Retter, H. (1979): Spielzeug. Handbuch zur Geschichte und Pädagogik der Spielmittel. Weinheim: Beltz.

Rousseau, J.-J. (1762/1963): Emile oder Über die Erziehung. Herausgegeben, eingeleitet und mit Anmerkungen versehen von Martin Rang. Aus dem Französischen übertragen von Eleonore Sckommodau. Stuttgart: Reclam.

Sauerbrey, U. (2013): Zur Spielpädagogik Friedrich Fröbels. Eine systematische Analyse des Verhältnisses von Aneignung und Vermittlung im Kinderspiel anhand spielpädagogisch relevanter Briefe. Würzburg: Ergon.

Sauerbrey, U. (2018a): Entwicklung des Spiels. In: Strohmer, J. (Hrsg.): Psychologische Grundlagen für Fachkräfte in Kindergarten, Krippe und Hort. Bern: Hogrefe, S. 185–191.

Sauerbrey, U. (2018b): Öffentliche Kleinkindererziehung. Eine Theorie. Weinheim u. a.: Beltz Juventa.

Sauerbrey, U. & Winkler, M. (2018): Friedrich Fröbel und seine Spielpädagogik: eine Einführung. Paderborn: Ferdinand Schöningh.

Schiller, F. (1795/1913): Schillers Sämtliche Werke. Bd. 11. Hrsg. v. Conrad Höfer. München u. a.: Müller.

Schultheis, K. & Hiebl, P. (2016): Pädagogische Kinderforschung. Grundlagen, Methoden, Beispiele. Stuttgart: Kohlhammer.

Spiewak Toub, T., Rajan, V., Michnick Golinkoff, R.& Hirsh-Pasek, K. (2016): Guided Play: A Solution to the Play Versus Learning Dichotomy. In: Geary, D. C. & Berch, D. B. (Hrsg.): Evolutionary Perspectives on Child Development and Education. Cham: Springer International, S. 117–141. DOI: 10.1007/978-3-319-29986-0

Spitzer, M. (2005): Vorsicht Bildschirm! Elektronische Medien, Gehirnentwicklung, Gesundheit und Gesellschaft. München: DTV.

Stadler, C. & Spörrle, M. (2008): Das Rollenspiel. Versuch einer Begriffsbestimmung. In: Zeitschrift für Psychodrama und Soziometrie, 7(2), S. 165–188.

Stenger, U. (2012): Spiel als anthropologische Konstante. In: Bockhorst H., Reinwand V.-I. & Zacharias, W. (Hrsg.): Handbuch Kulturelle Bildung. München: kopaed, S. 52–56.

Sünkel, W. (2011): Erziehungsbegriff und Erziehungsverhältnis. Allgemeine Theorie der Erziehung. Bd. 1. Weinheim u. a.: Juventa.

Tillmann, A. & Hugger, K. (2014): Mediatisierte Kindheit – Aufwachsen in mediatisierten Lebenswelten. In: Tillmann, A., Fleischer, S. & Hugger, K.-U. (Hrsg.): Handbuch Kinder und Medien. Wiesbaden: Springer VS, S. 31–45. DOI: 10.1007/978-3-531-18997-0